U0116254

图书在版编目（CIP）数据

经营 30 条 / 宋志平著 . -- 北京：中信出版社，
2023.11
　　ISBN 978-7-5217-6036-1

　　I. ①经… II. ①宋… III. ①企业经营管理－经验－
中国 IV. ① F279.23

　　中国国家版本馆 CIP 数据核字（2023）第 177600 号

经营 30 条
著者：　　　宋志平
出版发行：中信出版集团股份有限公司
　　　　　　（北京市朝阳区东三环北路 27 号嘉铭中心　邮编　100020）
承印者：　　北京盛通印刷股份有限公司

开本：880mm×1230mm　1/32　　印张：10　　　　字数：216 千字
版次：2023 年 11 月第 1 版　　　印次：2023 年 11 月第 1 次印刷
书号：ISBN 978–7–5217–6036–1
定价：88.00 元

经营
30条

宋志平

著

中信出版集团 | 北京

序言
《经营 30 条》的由来

在过去几年里，我与年轻的企业家们交流得比较多，也写了一些企业管理方面的书，书的内容大都是我做企业的经验体会。也常有企业界的朋友让我概括一下我的经营思路、观点和原则，以便于大家学习和掌握。这些要求是我思考《经营30条》的由来。我先是写了一篇关于经营30条的文章，大概一万多字，在正和岛微信公众号上发表了，受到了大家的欢迎，后来也给一些商学院讲过几次"经营30条"的课，根据这些讲课内容就整理成了现在的这本书。

我做企业40年，企业各个层面的工作几乎都做过，我既是个学习者，也是个实践者，我也经常认真地对企业的学习和工作体会进行思考、归纳、总结。2013年，企业管理出版社出版的《经营方略》，把我做企业的经验体会原汁原味地收录了进去，我当时说，我的书不是写出来的，而是做出来的。其实，今天给大家奉上的这本《经营30条》，依旧是这样，都是我这么多年做企业和调研企业的经验和感悟。我常说我哪里会写书，这并不是我的谦逊之词，而是说我的书没有高深的理论，主要是我的一些认识和思考，所以不可避免地有我个人实践带来的一些局限性。

我写书有两个出发点，一是好读，二是有用。好读，就是把复杂问题简单化，以事讲理，让大家能轻松地读进去。有用，就是能帮助大家理清思路、解决问题，着重回答大家对问题应该怎么看、怎么想和怎么做，是那种把认识论和方法论结合起来的一种形式。

根据内容，我把《经营30条》分成了战略、创新、经营、管理、改革、文化6篇内容，每篇有5条，在每一条里分别做了4个小节，这样更显条理一些，做下来共有120个小节，内容也不少，倒也像一本书了。但我还是力争简单明了。此外，里面还有不少小案例，既便于大家理解，也更为大家喜闻乐见。

我是2019年底从央企领导岗位退休的，这几年做中国上市公司协会和中国企业改革与发展研究会的会长工作，这让我有更充裕的时间来对企业的工作进行思考和归纳。这几年我也去过上百家企业进行深入调研，也到清华、北大等高校的商学院与EMBA（高级管理人员工商管理硕士）、DBA（工商管理博士）进行交流，我把这些新的感受和体会与我过去40年的体会融汇在了一起，应该说，这本《经营30条》里也有不少新的观点。

我们现在正面临百年未有之大变局，不确定性成了常态，这就要求企业家们既要秉持做企业的常理，也要时时面对变化进行动态调整，并要把企业做得更加精细到位。这本《经营30条》是我专门为年轻企业家写的，希望能在这个时刻给到大家一些帮助。

最后，诚挚感谢中信出版社的支持，尤其是王斌先生对本书所做的努力，也衷心感谢多年来支持我的读者们。

宋志平

2023 年 7 月于北京

目　录

第二篇 创新

第四篇

管理

16 管理是正确地做事

17 组织要不停地"剪枝"

第六篇

文化

第一篇

战略

战略是企业的头等大事，它研究的是企业做什么、如何获得资源、如何取得竞争优势的问题。战略是一场选择和取舍。战略赢是大赢，战略输是大输。做企业必须有个清晰的战略，并把战略转化为企业各个层面的共同行动。

01

战略是
企业头等大事

做企业最重要的就是战略先行

战略定位是企业发展根儿上的事

战略的目的是让企业取得竞争优势

战略赢是大赢，战略输是大输

战略是方向，是旗帜，决定了企业的未来发展。做企业最重要的是要战略先行，战略定位是企业发展根儿上的事情，战略的目的是让企业取得竞争优势。战略赢是大赢，战略输是大输。

做企业最重要的就是战略先行

企业战略是研究做什么不做什么，包括先做什么后做什么、多做什么少做什么，如何获得资源，如何取得竞争优势的问题。企业经营者要判断方向，权衡机遇与风险，做出正确的选择。搞不清大方向就出发，最终可能南辕北辙。

中国建材集团和国药集团这两家企业开始都不大，但后来迅速发展成了《财富》世界500强，究其真正的原因，就是两家企业都是靠战略驱动的。2002年3月，我被任命为中国新型建筑材料（集团）公司（简称"中新集团"）总经理。那时，集团正面临一场生存危机：企业销售收入只有20多亿元，银行逾期负债却有30多亿元，除了我之前所在的北新建材（即北京新型建筑材料总厂），其他厂几乎全部停产或倒闭，日子过得极其艰难。

企业怎么才能活下去呢？在积极处理历史遗留问题的同时，我认为更重要的是发展。企业只有快速发展才能解决所有问题，战略选择因此成为重中之重。许多人对此不理解："宋总，咱们都快吃不上饭了，哪有工夫讲战略？"我说："越是困难的时候，越要花时间研究战略。今天吃不上饭就是因为昨天没想好，所以今天必须为明天想清楚。"

后来，集团召开战略研讨会，邀请建材行业里的老领导和知名专家，讨论中新集团的未来。大家一致认为，公司应掉转船头，从普通装饰材料的制造业退出，进入水泥等基础原材料工业和先进制造业，同时带动新型建材的发展。水泥的收入占建材行业总收入的70%，如果不能做到主流，新型建材做得再好，在这个行业里也会被边缘化。这次战略大讨论对企业后来的成长壮大起到了持续性的引领和驱动作用，当时形成的一些基本思路一直沿用到今天，构筑了公司的战略基础。

战略要正名，名不正则言不顺，言不顺则事不成。2003年4月23日，中新集团正式更名为中国建筑材料集团公司（简称"中国建材集团"）。作为以新型建材起家的企业，把

"新型"两个字去掉确实很艰难，我心里也有过纠结。但那一刻掀开了中国建材集团历史性的一幕，不但奠定了企业快速发展的基础，而且改变了中国乃至全球的建材格局。

战略其实就好比人的大脑，做事要先动脑。中国建材就有着非常清晰的战略，在充分竞争的行业中，做任何事情都是想在前面，而不是边走边做，走到哪儿算哪儿。做企业一定要战略先行，同时，战略大脑还要能指挥企业的腿脚灵活地行动，执行到位。

战略定位是企业发展根儿上的事

企业战略中最重要的是定好目标，也就是解决好如何定位的问题。在企业发展中是做小而美的企业还是做巨无霸企业，是做家族企业还是上市公司，是采用多元化还是专业化，都关乎战略定位，这都是企业发展根儿上的事。

对企业来讲，目标不一定都是要成为《财富》世界 500 强或上市公司，适合自己就可以。企业的定位要实事求是，尊重规律，各适其位，各得其所，千万不能见异思迁，更不能拔苗助长，要量力而行。大企业可以定位世界一流，致力于产品卓越、品牌卓著、创新领先和治理现代。中小企业可以围绕"专精特新"，目标是先做小巨人，再做单项冠军、隐形冠军。

"专精特新"小巨人一般是年收入几千万元的公司；单项

冠军企业的标准是特定细分产品销售收入占企业全部业务收入的比重在 70% 以上，销售收入 4 亿元以上；而隐形冠军的营业收入标准是几百亿元，在行业里市场份额排名全球前三。隐形冠军的两大支柱是专业化的技术和国际化的市场，也就是"宽一米，深一千米"，它们以一丝不苟、精益求精的技术和工匠精神，在窄而深而非浅而宽的领域做到极致，再通过国际化占有更多的市场份额。

不管是世界一流还是专精特新，都是突出企业的技术、质量、管理、效益，构筑核心竞争力，把企业打造成行业龙头或细分领域的头部企业。像北新建材用 40 多年把石膏板产品做到全球第一，像中材国际的水泥装备全球市场占有率达到70%，这些企业都发展成为行业龙头。中材国际在埃及建造了6 条 6000 吨的生产线，是全球最大的水泥厂，现场场景极其壮观。

我国上市公司数量约占公司总数的万分之一，大多数公司是家族公司或者股份公司、合伙公司，大家不一定都要把目标锁定为上市公司。德国、荷兰等欧洲国家大量的家族企业，祖祖辈辈秉承工匠精神，就传承一种工艺，把一种产品做到极致，并不寻求上市或股份多元化。其实我国浙江温州地区和福建晋江地区也都是靠家族企业发展起来的，这些年这两个地区也有一些家族企业改制上市，但总的来讲还是以发展家族企业为特征的经济模式，我觉得也挺好，经济形态也挺健康。

企业进行合理定位不是一件容易的事情，这要求它既要有先进性，又要实事求是、量力而行。定位最重要的是要树立一个振奋人心的目标、一个有吸引力的目标、一个符合逻辑的目标。决策层一旦确立好了目标，就要调配好企业内外的各种资源，上下齐心协力完成目标。

总的来说，目标和定位不同，企业发展的方式也有所不同，需要不同的资源配置，不同的想法和做法。做出选择的底层逻辑是什么？其实，战略决策往往和企业家的价值观联系在一起。企业家个人的价值观决定了企业未来发展成什么样。

战略的目的是让企业取得竞争优势

战略，顾名思义是指关于战争的谋略，最早源于战争，后来人们把战略思想应用于企业的竞争，就是我们常讲的"商场如战场"，因为企业在市场上的竞争和军队在战争中打仗的目的是一样的，都是要获得胜利。

战略要达到三个目的，一是定目标，就是做什么和做到什么样；二是研究如何获取资源，是靠内生式发展，还是靠整合资源的方式，或者是靠资本运营的方式；三是建立竞争优势，也就是如何形成规模、技术、管理、品牌等竞争优势。

企业要取得竞争的胜利，首先得建立竞争优势，因为企业的竞争归根结底是一场优势竞争。优势也有先天优势和后天优势之分，像我们常讲的天时、地利、人和中的天时和地利都属于先天优势，而人和则是我们后天要建立的优势。其实，无论是 2500 多年前战略鼻祖孙武的《孙子兵法》，还是现代企业战略大师迈克尔·波特的《竞争战略》，讲的都是如何赢得竞争优势的事情。

北新建材和中国巨石股份有限公司（以下简称"中国巨石"）是中国建材旗下的两家知名企业，北新建材的石膏板的国内市场占有率超过 60%，中国巨石的玻璃纤维的市场占有率达到 30%，两者都是各自行业的领袖企业，它们竞争优势的取得，均得益于一系列正确的战略。

北新建材成立的初衷就是致力于发展我国的新型建材，取代高耗能和破坏良田的黏土砖，这是它的战略定位。开始时，北新建材的产品并不被市场接受，但它却坚持下来了，最终使市场接受了其主产品龙牌石膏板。当电厂脱硫时代来临时，北新建材抓住机会，果断关掉了以前的天然石膏矿，和每个大电厂签署协议，在它们旁边建设石膏板厂，在获得高品质、低价格工业石膏做原材料的同时，也获得了国家税收优惠政策的支持。北新建材迅速布局上百个工厂，在全国范围内取得了市场优势。

中国巨石则是看好国家大力发展新材料的前景，以玻璃纤维为主产品，一步步发展壮大起来的。玻璃纤维的工业原料是叶蜡石，这是一种特别的矿山资源，这种矿山资源存量小且价格贵。后来，中国巨石开发出的高岭土等配方替代了不易得的叶蜡石，这对企业扩大产量和降低成本发挥了重要作用。

在竞争战略中，北新建材采取"质量上上、价格中上、服务至上"的市场战略，以质量和服务为基础，推动品牌的发展，使龙牌石膏板获得了牢固的客户群。中国巨石在发展前期采用的是低成本战略，中期采用差异化战略，现在采用的是低成本与差异化复合战略。中国巨石在市场上采用国内国际双循环相互促进的战略，在不断巩固国内市场的同时，为应对美欧关税政策，在美国和埃及分别建厂，稳定了在美国、欧洲的客户，取得了很好的收益。

湘潭钢铁集团（简称"湘钢"）在钢铁行业里规模并不大，但却有良好的效益。这家公司本身既没有原料优势，也没有燃料优势，那它的竞争优势是什么呢？它不和别人比规模，而是定位于高端化、差异化，提高产品附加值，进一步延伸产业链和价值链。湘钢主要生产高端汽车钢板和硅钢板，这些年一直效益很好，高端化、差异化成了它的经营哲学和成长基因，其辖下各个厂都按这个思路去做。它收购了一个普通的电缆厂，这个电缆厂现在做各种各样的特种电缆，变成了200家"创建世界一流专精特新示范企业"之一。

从这些案例可以看到，一个企业能不能生存下去、能不能发展起来，其实取决于它有没有核心竞争力。每个企业能发展到今天，都有自己的核心竞争力。但企业有时没有意识到自己的核心竞争力到底是什么，没有着力培育它，反而在其他方面下了很大功夫，在参与市场竞争时就可能丢失了自身的核心竞争力，导致最后败下阵来。因此，提升核心竞争力对于企业生存和发展特别重要。

核心竞争力是个比较优势，是在市场中和竞争者比较出来的一种相对优势。核心竞争力具有持续性，也就是既要有稳定的优势，还要有动态的优势。我在博士学习阶段，曾研究过核心竞争力的问题，当时我认为核心竞争力就是通过企业家创造性的资源组合而形成的企业独特、能持续带来竞争优势的能力。在此基础上，这些年随着和更多优秀企业的交流，我对核心竞争力又有了更多的理解。

核心竞争力是企业赖以生存的最基本能力，其实并不神秘：一是核心竞争力是企业通过长期努力培养出来的；二是核心竞争力不只源于某项技术，资源、管理、市场、企业家精神等也都可以形成核心竞争力；三是核心竞争力大多是几项专长的组合，是一种组合力，可以为企业形成护城河和壁垒，使企业获得牢固的、难以复制的竞争优势。

茅台作为我国高端白酒的著名品牌，除了贵州茅台酒系列产品，还有汉酱酒、茅台王子酒等酱香系列酒产品。茅台董事长丁雄军曾提出，茅台具有的四个核心势能是其他企业无法复制的：一是独一无二的原产地保护，二是不可复制的微生物菌落群，三是传承千年的独特酿造工艺，四是长期贮存的优质基酒资源。我参加过茅台集团的战略研讨会，发现其拥有独特的品质、强大的品牌、忠诚的客户群、强大的文化渗透力、优异的价值创造力，这几项核心专长构成了它的核心竞争力。茅台可长期持续投入和建设这几种核心专长，把"长板"继续做长。

企业内外环境、技术都在不断变化，核心竞争力确定后不可能一劳永逸。为了进一步提升核心竞争力，企业要维护核心竞争力，这不只是一把手工程，更是全员工程。要不断加大对核心竞争力的投入，构成企业新的"护城河"，真正做到"人无我有，人有我新，人新我变"。同时还要不断完善核心竞争力的组合，时时关注构成自身核心竞争力的要素是否过时，是否需要更新，从而进行动态调整，以获得持续的发展。

战略赢是大赢，战略输是大输

如果拥有正确的战略，企业获得了绝对的竞争优势，企业肯定会大赢；如果企业的战略为企业带来的优势并不大，企业的发展也就一般；如果最初在战略上就输了，那企业肯定无法长久生存。企业在战术上常会有失误，战术上的失误一般不致命，而战略上的失误则是致命伤，是那种一生一世的错误，往往没有补救的机会。现在不少企业出问题，包括有些大企业轰然倒下，原因往往并不在战术上，而是在战略方面出现了重大失误。

以科学清晰的战略、先人一步的思路确定企业的发展方向，可以最大限度地整合资源，以低成本和高效率达成目标。如果没有正确的战略，没有长远的目标、认真的规划，仅靠一次次偶然得手，是不利于企业长久发展的。

中国建材集团和国药集团是通过联合重组的方式，分别整合了水泥和医药分销行业，才把企业发展做大的。随着集团的发展，两家企业调整了战略，中国建材提出基础建材、新材料、工程服务三足鼎立的发展战略，国药提出进入医药健康领域的战略。今天看来，中国建材确立"三足鼎立"，国药集团确定医药健康产业，这些战略定位都是正确的。

在国药集团时，我给国药集团的干部们说，我为国药集团所做的工作不只是把国药集团带入了《财富》世界500强，更重要的是在国药集团发展战略中加上了"健康"两个字，把国药集团定位于医药健康产业。直到现在，国药集团都发展得很好。

02

战略是
一场选择与取舍

『不做什么』与『要做什么』同样重要

占领必须占领的地方

不包打天下，而是要学会三分天下

战略不是一成不变的

一家企业能不能有大的发展，往往不是取决于它怎么做，而是取决于它做什么和不做什么。战略就是一场选择与取舍，一旦选定了，就在选定的范围内做到极致。做企业，不能包打天下，而是要学会三分天下。战略也不是永远不变的，可以根据企业的实际情况进行调整。无论战略选择做得有多好，最关键的还是要保证战略的实施与落地。

"不做什么"与"要做什么"同样重要

俗话说："种瓜得瓜，种豆得豆。"种的是瓜就不可能得豆，种的是豆也不可能得瓜。你要选好，到底是种瓜，还是去种豆。很多情况下，"不做什么"与"要做什么"同样重要，有时"不做什么"甚至比"要做什么"更重要，因为只有放弃了旧的事物才能进行新的选择。但坦率地讲，放弃往往比得到更难，因为个人也好，企业也罢，往往对熟悉的东西难以割舍。有些东西你可能很感兴趣，但是战略制定不能仅凭兴趣和经验做选择。正因为这样，懂得放弃非常重要。

多年前，我去拜访法国圣戈班的白法先生，他做圣戈班的董事长，一做就是20年。我当时问了他一个问题："这么多年来，你觉得自己最重要的贡献是什么？"他想了想，回答说他收购了700家企业，卖掉了700家企业，就是不停地收购，不停地放弃。同样地，十几年前，不少人只看到中国建材集团的快速扩张，殊不知，在重组上千家企业的同时，我们也相继退出了几百家企业。我们就是一路取舍，才发展到了今天。

退出的过程中，可能当时看起来有些损失，但从整体和长远来看，不退出就会有更大的损失。中国建材集团有一个资产管理公司，专门处理企业退出的资产，这个公司的目标就是力争把损失降至最小。针对资产管理公司经营班子的考核，先期不是看他们的盈利指标，而是以降低损失的多少为标准。

不仅困难企业或经营无望的企业要退出，一些暂时看起来经营还不错，但长期并不看好的企业也可以选择卖掉。当年法国圣戈班在美国曾有一家玻璃纤维厂，这个厂经营得很好，却被卖给了欧文斯科宁公司，因为他们预见到这个产业未来的竞争会非常激烈。

那么，企业取舍的依据是什么？我的看法是，如果我们在竞争中可以占据根本优势，那就最大限度地发展它，尽一切努力，达到最高水平的劳动生产率和拥有最大的竞争能力；如果不占据根本优势，就不要涉足，即便进入了也要赶紧退出，而且应该尽量回避。比如，在瓷砖、壁纸、建筑五金、卫生洁具等普通建材领域，中国建材集团与民营企业相比没有突出的竞争优势，所以我们果断地彻底退出。企业总是在变化中前进，有加有减，保持动态平衡，才能实现资源的最优配置。做企业的过程其实就是一个不断取舍的过程。

占领必须占领的地方

美国西点军校自1802年建校以来，有一门课一直是课程计划中的主课：阅读地图。就做企业而言，战场环境的优化、新战场的开辟都离不开地图。我个人也喜欢看地图，很多决策都是在地图前做出的。我认为，战略就是为企业制图，既要系统全面地思考问题，知己知彼，勾画企业发展的全景，同时要为准备达到的目标设定界限，也就是要懂得取舍之道。迈克尔·波特认为，战略的本质是抉择、权衡和各适其位。做企业也要有所为、有所不为，选定领地后就集中优势兵力，然后再全力投入，这才是企业制胜的关键。

20多年前，福耀集团是个综合性企业，有百货店、加油站、施工、玻璃等业务，当时曹德旺希望能上市，咨询公司告诉他，这么多业务在资本市场没有可比公司，无法估值。曹德旺于是痛下决心，卖掉了百货店、加油站和施工业务，专心致志做起了汽车玻璃。现在，福耀的汽车玻璃在全球市场占有率约 30%，中国市场占有率约 60%，福耀玻璃成为一家绩优的上市公司。

企业竞争需要在战略上抓制高点，也就是《孙子兵法》里讲的兵家必争之地。建材行业的制高点是建立在研发基础上的装备制造，建材的任何一次革命都要靠成套装备的革新，大部分的技术都凝聚在装备行业中。而在医药行业，制药大厂都是轻工装备，所以医药企业的制高点并不是装备，而是研发和分销网络，谁占领了研发与分销网，谁就能取胜。2009 年我去国药集团出任董事长，当时公司只有 300 多亿元的销售收入，董事会提出了整合医药分销业务，靠终端拉动上游产业的战略，整合发展了医药制造和医药研发业务。随后，国药集团用联合重组的方式整合了覆盖 290 个地级市的医药分销网，也发展了生物制药和研发业务。由于牢牢占据了制高点，国药集团最终发展成为一家科工贸一体的《财富》世界 500 强企业。

巴顿将军有句名言："战略就是占领一个地方。"我认为这句话有两层含义，一是占领必须占领的地方，二是不见得要占领所有地方。战略关乎全局，做企业不能盲目开疆辟土，而是要做好取舍，勾画出自己的领地；还要占领制高点，占领必须占领的地方，并牢牢守住对领地的话语权，在这块领地里努力做到最好。

不包打天下，而是要学会三分天下

今天的市场竞争越来越激烈，任何一家企业的资源和能力都是有限的，只有根据行业特性和自身优势，理智地进退，成功的把握才会更大。所以，做企业千万不要想着"包打天下"，而是要学会"三分天下"。

中国建材当初做水泥并不是在所有区域市场都进行布局，而是用了"三分天下"的竞争战略。做企业要从最终效益与价值出发，理智地思考在哪些地方更有利可图，哪些地方更有发展前景，其他地方则可以让别人去做。

为什么要"三分天下"？这是由水泥产品的"短腿"特性决定的。水泥的经济合理运输半径有限，公路运输200公里左右，水运500公里左右，因此再强有力的联合重组也不能使某一家公司包打天下。分散布点或线性布局的方式都不可行，只能在一定的地理区域内分销，按区域成片布局，在区域内形成一定的市场话语权。按照"三分天下"的原则，中国建材实施"大水泥"区域化战略，推进联合重组，构建了几十个以省城和地级市为市场的核心利润区。

其实做企业也要有地盘概念，像中国建材整合水泥就是选择了浙江、山东、河南，以及西南的几个省份，这些地方当时"群龙无首"，没有行业领袖，都是"一家一户"的中型企业，便于重组；而像海螺为主的安徽、广东，金隅占领的京津冀，我们就尽量不去触及，也就是常讲的不要轻易动别人的奶酪。做企业不能包打天下，而是要学会三分天下。

战略不是一成不变的

在企业中，有些事物是需要保持不变的，比如价值观、做事的核心原则等，而有些则是需要改变的，其中有些是需要微调的，有些则需要彻底的改变。我在企业时，时常提醒自己和部下："大企业失败的原因往往在于总是沉迷于过去成功的经验。"环境变了，情况变了，过去成功的经验可能不管用了，我们必须不断适应新的变化，进行否定之否定。这些是企业在制定战略时应该考虑的。我过去做决策曾有过在最后一分钟叫停的情况，因为得到了一些新的信息，或者环境改变了，所以必须调整决策。战略定位和调整是企业各项工作的重中之重。

战略调整一定要在企业发展的鼎盛时期进行。很多时候我们做的调整，都是在企业下行到谷底的时候，被迫进行的。其实对企业家来讲，应该要下先手棋，在企业日子很好过的时候，就未雨绸缪进行调整，而不要等到问题出现以后，仓促应战。

在中国建材和国药集团的发展过程中，中国建材从新型建筑装饰材料为主调整成大宗建材为主，后来又调整成基础建材、新材料、工程服务三足鼎立，而国药集团则是从发展医药产业调整为做大医药健康产业。战略是变化的，同时又是相对稳定的。战略不能朝令夕改，其调整和变动应是递进式的，在内容上有一定的延续性和继承性。

当企业的内外环境发生了极其重大的变化时，我们必须想办法及时地顺应这种变化，修正或改变原来的战略，甚至对其进行本质上的调整。在行业稳定发展时，企业的战略是如何增加核心竞争力从而获取市场的竞争优势；当行业被颠覆时，企业调整战略进入另外的高成长赛道就至关重要。像诺基亚公司，其手机业务失败后，就对企业发展战略进行了重大调整，从手机行业调整到了通信网络基础设施行业。一旦调整了战略目标，企业就要勇于改变旧思路和执行新战略。我们要抓住新战略下的关键工作和重要环节，比如品牌建设，绿色化、智能化转型等，这些都是重塑企业战略的关键。

03

战略制定
要以目标为导向

制定战略是领导者的首要责任

如何形成战略性思维

先定目标，然后缺什么找什么

要保证战略的实施与落地

制定战略是领导者的首要责任，战略思维的培养至关重要，制定战略要突破资源导向，即"有什么做什么"的思维局限，转换到以目标为导向，即"缺什么找什么"，最大限度地利用社会资源做成事。当然，制定战略时还要遵循行业发展的规律和企业成长的逻辑。

制定战略是领导者的首要责任

领导者的首要责任是制定战略，他们最重要的工作是做好战略规划，为企业发展把好方向，把日常管理的事情下移给部下。西方发达国家最初大多是航海国家，早期航海的时候，常常把人绑在桅杆上，让其观察前方的风暴、冰山、礁石、航道等，为船只指引航向。企业领导者就是一个被绑在桅杆上的远望者，要善于思考长远问题、全局问题，时刻为企业眺望远方。

在战略制定上，领导者的作用无可替代，大小企业的领导者都要重视战略。如果领导者对目标和方向的判断正确，企业可能就会一帆风顺；如果判断错了，企业就会偏离航向，做的事越多，离目标越远。企业家起早贪黑地苦干固然重要，但更重要的是善于观察与思考。

领导者要做出正确的战略，要知识面广，要读万卷书、行万里路、交四方友。这些年中国企业快速崛起，做得好的企业大都有个特点，就是其经营者经常在全球出差寻找机会和灵感，只憋在企业内很难有战略思考。古人讲"吾尝终日而思矣，不如须臾之学也"，也是这个道理。

制定战略确实是要进行深入调研，听取各方面意见，但最后决策却在领导者的方寸之间。企业家做决策有一个艰难的过程，常常是战战兢兢、如履薄冰、如临深渊。虽然战略决策很难，但又不能久拖不决，关键时刻企业总要向前迈进一步。我们在企业中也会发现这种现象，就是原本一个好的想法，往往会在无休止的讨论中被放弃了。我常说，在企业里否定一个正确的决策和同意一个错误的决策同样有害，因为否定一个正确的决策可能使企业永远丧失了一个重要机会。

我在央企做了这么多年的董事长，主要工作有三个：一是制定战略，二是选人用人，三是文化布道。我把战略放在了第一位，因为这是别人无法替代的。但战略是靠人执行的，所以选择有战略执行力的干部就很重要。文化也是服务于战略的。

所以，我的工作看似是三件事，但核心还是把企业战略制定好、实施好。那些年里，我思考得最多的就是战略。作为董事长，我很少考虑如何生产或制造水泥、玻璃等具体的事情，因为我不负责专业技术，而是想宏观形势，想行业走向，想企业的资源和机会，想企业面临的风险。我经常问自己，是否还有没想到的事情，是否还有想得不对的地方，是否还有边界条件没搞清楚。事实上，这正是我最大的压力所在，即能不能对公司的前景、方向做出正确的预测。

记得有一年，哈佛商学院副院长问我："宋先生，让你每天半夜睡不着觉的问题是什么？"我脱口而出："是怕想错了。"这是我的心里话，因为做出一个战略决策是艰难的，需要反反复复地思考和斟酌，进行否定之否定，推敲事情的各种可能性，大脑时时刻刻都在高速运转。很多人可能只看到了做董事长的那些表面的光环和浮华，而没有看到他们决策背后的艰辛。回忆起来，我在中国建材和国药集团做董事长这么多年，最重要的是做了些好的战略决策。

如何形成战略性思维

作为企业的领导者，一定要具有战略性思维。战略性思维具有全局性、系统性和辩证性三种特性。

"不谋全局者，不足以谋一隅；不谋万世者，不足以谋一时。"企业家是登高望远、为企业眺望远方的人，要立足当前，谋划长远，把局部问题放在全局中思考分析，站在全局角度做出整体最优决策。局部最优，并不一定会带来全局的最优。还是要从全局看形，从长远看势，凡事以大局为重，遇到变化，必要时还应对企业战略做出适当的调整，防止因战略性失误带来全局性风险。

中国建材在行业里走的是以大局为重、互利共赢的道路。现在不少行业出现产能过剩，这个时候必须加快转变发展方式，探讨一种新的活法——不是哪个企业，而是整个群体怎么活得更好。也就是从大局出发，进行供给侧结构性改革，实现行业长治久安。这也是行业领袖企业以及企业家该有的全局性思维。

企业是一个系统，不是一堆事物的简单集合，而是由相互之间有联系的各项要素构成。系统性思维就是立足企业整体，分析企业各要素之间的相互关系，从整体上把握企业发展的规律，提出解决问题最优方案的思维。系统中各种要素是相互联系的，而且这种联系是动态变化的，所以要用发展的眼光看问题。

辩证性思维就是承认矛盾、分析矛盾、解决矛盾，善于抓住关键、找准重点、洞察事物发展规律的思维。任何事物都有两面性，我们要一分为二地看问题。当问题摆在面前时，有的人只看到了问题的一个方面，却忽视了另一方面，没看到事物之间的对立与统一性，这样做出的判断容易失之偏颇。

大家常谈及智商和情商，我认为，智商就是能辩证地思考问题，情商就是能为他人着想。能辩证地看问题，能为对方着想，这就是智慧。一个人如果只考虑自己，凡事都从自己的角度出发，不站在他人的立场考虑问题，无法理解他人，就很难获得大家的信任和支持，事业也很难取得成功。

战略性思维既有先天性的成分，也有后天习得的成分。在企业干部选择中，我们倾向于把那些善于进行全局性思考的干部当帅才培养，把那些拥有具体思维的干部当将才培养。但即使是具有全局性思维的干部，也要认真学习和实践才能成为有战略能力的干部。

先定目标，然后缺什么找什么

提到企业发展，很多人首先想到的是现有的资源、技术和人员，有什么条件做什么事，有多大能力做多大的事，也就是中国人常讲的"看菜下饭，量体裁衣"。这种传统的思维方式以资源为导向，在如今的创新型社会，这种思维方式需要转变。

企业在制定战略时，首先要突破以往的思维局限，从"有什么做什么"转换到"缺什么找什么"，即以目标为导向，先确定目标，然后缺资金找资金，缺技术找技术，缺人才找人才。"有什么做什么"与"缺什么找什么"是两种完全不同的战略思路。打个比方，按前一种思路，有面有馅儿就可以包饺子，有面、油和盐就可以烙饼；按后一种思路，想包饺子就要找面和馅儿，想烙饼就要找面、油和盐。这样我们做事情就不会受既有条件的限制。

围绕战略目标，要想清楚企业自身的优势和劣势，以及实现目标的途径、缺少何种资源，然后想方设法找资源来实现目标。企业在发展过程中，如果没有一个清晰的目标，只盯着眼前的资源，即便再努力也不一定能取得成效。现在我们看到的很多成功企业，其实最初并没有资源，在确定目标后积极寻找配置相关资源，最后实现了快速发展。

水泥是重资产行业，一家水泥企业需要的投资少则七八亿元、多则一二十亿元。当初中国建材想进入水泥行业，中国水泥协会的前会长曾经问我，中国建材想做水泥，钱从哪里来？这让我想到公司上市，想到从资本市场募集资金。

我们当时抓住国外投资者看好中国基础建设的机会，成功在香港上市，上市虽然募集了一些资金，但整合水泥业务仍然不够。中国建材之后开展了和民营水泥企业的混合，走了一条与资本混合以及与行业联合的发展道路。国药集团沿用同样的发展模式，通过在香港上市、与民营医药分销企业混改等，快速发展起来。

中国建材和国药集团都是先确立了战略整合目标，缺资金就找资本市场，缺企业、缺人才就和民营企业混改，用这种先定目标，缺什么找什么的方式发展壮大起来，如果用有什么做什么的思路，这两家企业恐怕不会有这样快速的成长。

要保证战略的实施与落地

企业战略制定好后，只有被坚定地执行才能使企业具有竞争优势，才会产生价值，所以保证战略的实施与落地非常重要。企业战略虽然是整体战略，但为了完成目标，还是要将其分解到企业的各个层面。战略不能光有目标，也要有个清晰的实施方案和规划。战略不光是企业领导层的认知，也必须让全体干部员工充分理解企业的战略意图。

企业的战略可分解为公司层战略和业务层战略，公司层战略研究的是公司整体，业务层战略研究的是各个方面的业务。公司层战略主要是解决企业的目标、发展、创新、竞争、人才等方面的问题，而业务层战略主要是解决企业的产品、市场、价格、品牌、商业模式等方面的问题。企业里相应的各个层级要对公司层面和业务层面的战略进行再细化分解，落实到责任人。

企业战略的实施和落地是个持续过程，因此要有战略定力和战略自信。我们会发现，企业在落实战略过程中可能会遇到各种曲折、艰难，很多时候虽然有好的想法，但遇到问题时大家意见不一致，在不停的议论中好的想法就被放弃了。"行百里者半九十"，我们都有这个经验，爬山即将接近顶峰的时候最艰难，很多人常常在这个时候坚持不住，从而失去了登顶的机会。其实，越是这个时候，我们越是要按照既定目标，逢山开路，遇水架桥，不断解决前进路上的各种问题。只有坚定前行，战略目标才能最终得以实现。

战略实施后，我们也要进行复盘，看看当初制定的战略是否合理，与实际是否相符，企业发展的计划是否还可以再调整，这样有利于提高战略的精确性与前瞻性。

04

企业发展
要突出主业

企业的看家本领是四大核心

选择新业务的「四问、四不做、四要」原则

突出主业，做强主业

专业化、相关多元、多元化的选择

做企业要突出主业，重点发展核心业务、核心专长、核心市场、核心客户。选择新业务要有原则立场，一些企业之所以失败，往往是因为偏离了主业，盲目扩张。一般中小企业，建议还是走专业化道路。企业在现有业务已做到极致的情况下，或者是产业型的集团，可以考虑进行有限的相关多元的发展。投资型公司为了对冲周期风险，可以选择多元化的道路。

企业的看家本领是四大核心

做企业需要关注四大核心，即核心业务、核心专长、核心市场、核心客户，这是企业的看家本领。

核心业务是为企业取得主要收入和利润的业务。企业必须加强打造核心业务能力，如果企业的业务分散得像大杂烩，让市场分不清它到底是做什么的，这样的企业很难长久发展下去。我主张按照业务归核化原则，非核心业务尤其是有出血点的业务要下决心剪掉。

选好了核心业务，企业还要明白自身的核心专长是什么。打个比方，主业是开饭馆的，那拿手菜或特色菜就是专长，如果没有专长，就没顾客光顾。想要"一招鲜吃遍天"，企业至少要在某一件事上比别人做得好得多才行。

做企业必须有自己的核心市场，要在自己的核心市场构建话语权，并且要把核心市场变为核心利润区。企业首先要清楚自己的核心市场在哪里，是在国内还是在国外，要明晰具体的区域位置。

企业要想做好国内和国际两个市场，既要不断开拓国内的市场，也不能轻言放弃海外市场，还要继续巩固和进一步提升在海外的竞争力。2022年底，我国疫情政策优化调整后，浙江、广东等省立即组织了万人海外抢单团，非常振奋人心。这个时候，我们要把市场放在第一位。无论是国内市场还是海外市场，先把订单和客户抢回来。我们的企业要按照"以国内大循环为主体、国内国际双循环相互促进"的方针布局市场。

我们总讲客户是上帝，客户永远都是对的。客户是企业的江山，是企业存续和发展的基础。企业有没有以及有多少忠诚的核心客户对其发展至关重要，因为企业就是通过为各种各样的客户解决问题而获得效益的，对企业忠诚的核心客户越多，企业发展得越好。

中国商用飞机有限公司（简称"中国商飞"）是中国建材的合作伙伴，它做企业有两个很重要的原则。一是保证飞机的可靠性，尤其是在质量、安全等方面的可靠性，这排在第一位；二是以客户为中心。商飞客服公司门前有块大石头，上面刻着"以客户为中心"几个大字。以客户为中心，就是理解客户的要求，满足客户的需求，为客户创造价值。

核心业务是公司存在的基础，核心专长是公司竞争的利器，核心市场是公司应建应守的领地，核心客户是公司利润的源泉。这四大核心构成了企业核心竞争力的基础，而核心竞争力稳固与否，决定了公司在市场竞争中的成败。

选择新业务的"四问、四不做、四要"原则

企业管理层常常对如何选择新业务苦恼，因为这并不像是命题作文，有一个目标去做就好了。要在千千万万的产品中选择一种作为公司未来发展的主营业务，实在是怕选错，而耽误了企业发展的良机。他们有时会问我究竟该如何选择新业务，我建议使用"四问、四不做、四要"的方法。

"四问"，就是先问自己四个问题。一问自身是否有优势。拟进入的领域要符合企业战略需要，同时企业领导者要对该领域有充分的了解和认识，能结合技术、人才、管理、文化等优势，形成足够的业务驾驭力。作为产业公司，在选择新业务时，

应选择那些与现有核心业务相关的产业和产品，以增加新业务成功的概率。

二问市场是否有空间。拟进入的市场要有足够的容纳度，能为企业的业务成长提供支撑，如果市场太小甚至几近饱和就不宜涉足。以央企为例，央企的业务体量像块"大石头"，如果市场像湖泊或海洋一样大，就能有足够的空间容纳度，如果市场容量像脸盆一样大，企业进入就很容易把"脸盆"砸坏。

三问商业模式能否复制。商业模式有的容易复制，有的不宜复制。企业要做大，就要选择可以复制的一些商业模式，如开建材连锁店就可以复制，这样有利于企业快速扩大规模和降低成本。

四问与资本市场能否对接。企业的效益不仅包括从产品中获得的利润，还包括资本市场的价值，要把产品利润在资本市场放大。

"四不做"，就是产能过剩的项目不做，不赚钱的项目不做，不熟悉的项目不做，有明显法律风险的项目不做。真正把"四不做"执行到位不容易，要求企业能抵挡得住诱惑。

一项业务能不能做，对照"四问""四不做"，企业就有了基本判断。那这项业务能不能长久地做下去呢？关键点又是什么？在新业务培育发展的过程中，还有一个"四要"原则，即要风险评估，要专业协同，要收购团队，要执着坚守。

如果有人还在烦恼该选择哪一种业务，他就可以拿出这套方法来，循着这些方法去自问、去分析，并踏实地去执行，这样才能把业务选好、选准确，并能做好。

突出主业，做强主业

如果用一条十字线来看企业，从横向来讲，企业的业务不能做太多，要聚焦；从纵向来讲，产业链不能过长，要深耕。企业要突出主业，做强主业，把主业做成拳头产品，争取进入行业前三名。做成行业龙头或细分领域的头部企业后，这样即使在经济下行或产业过剩压力下，企业也可以找到自己的生存空间，实现效益提升。

像义乌的双童公司20多年专注做吸管，100根吸管才赚8分钱，但它做到了年收入2.6亿元。营业收入规模不算大，但它做成了全球吸管行业的第一品牌。它是在细分领域再细分，聚焦到一个小小的产业，并做精、做深。

我做中国上市公司协会会长期间发现，那些出问题的上市公司，除了违法违纪，大部分的问题出在偏离主业、盲目扩张上，而真正主业突出、走专业化道路的公司基本都比较稳健。这是一个具有长期性、规律性、实践性的结论。

在高速增长时代，大家觉得遍地都是机会，很多企业做了不少业务，而在高质量发展阶段，企业要聚焦主业、做强主业、提高发展质量，不断提升核心竞争力。帕卡德定律指出，人才成长速度如果跟不上企业成长速度，企业很快会衰败；面临的机遇太多，选择太多，企业也可能会衰败；很多企业失败并不是不创新，而是战线拉得过长，导致顾此失彼，找不到重点和关键。企业的资源和能力都是有限的，对大多数企业来说，业务尽量归核化，要能抵挡得住一些看似是机遇的诱惑。

赤峰黄金是一家民营上市公司，它上市后由于开展的业务过于分散，曾一度效益很差，股价也很低。后来董事会请来王建华当董事长，他将非核心业务彻底拿掉，聚焦黄金相关业务，使得企业利润和现金流大幅增长，股价也有了很大的提升。

做企业最忌讳"狗熊掰棒子"，不能偏离了主业盲目扩张。业务不是越多越好，任何企业都存在管理幅度，业务发展一定要量力而行，要以足够的控制力、抗风险能力和获取资源的能力为前提。

专业化、相关多元、多元化的选择

专业化和多元化一直是大家讨论的问题，工业化早期大多数企业走的是专业化道路，后来随着经济发展，机会增加，不少企业纷纷选择多元化，但随着市场竞争的加剧，很多企业又回头做专业化。我建议中小企业走专业化路线，可以是产品的专业化，也可以是业务能力的专业化；规模大一点的企业，撞到了天花板，可以去做相关多元，比如有一定规模的产业集团可以做相关多元，而投资型集团可以进行多元化投资。

我本人是个专业主义者，希望能够把某一个专业做好。北新建材主营石膏板业务，中国巨石主营玻璃纤维业务，都做了40多年，也都成了隐形冠军企业。

产业集团可以进行相关多元的经营。相关多元，虽然是多元化，但每个业务之间有关联性，要么是在技术上，要么是在产业链上，要么是在市场上。中国建材是一个相关多元的企业，主营业务包括水泥、玻璃、新材料，以及国际工程，等等，都是相关的。国药集团也是相关多元的，有化药、中药、生物制药、医疗器械等业务。

投资型的集团适合多元化经营，对大多数企业而言，做多元化的风险在于投资多元化和业务能力专业化之间的矛盾和平衡。像华润集团是做多元化的企业，旗下有 6 个平台公司，但这些平台公司都是专业化的，形成了一种集团多元化、运营专业化的企业模式。

05

转型
不一定要转行

遵循行业发展规律与企业成长的逻辑

转型的方向有『四化』

在行业下行时做好细分领域

构建三条成长曲线

面对经济下行和行业过剩压力时，不少企业希望转行，但对大中型企业来讲，转行其实是不容易的，进入一个完全不熟悉的行业风险很大。对大多数企业而言，还是应该构建起企业的成长曲线，朝着高端化、智能化、绿色化、服务化的方向去转型，并在自己的领域做好细分，而不是遇见困难就转行，不过，被创新颠覆和被新产品替代的行业确实需要果断转行。做企业，还是要遵循行业发展的规律与企业成长的逻辑。

构建三条成长曲线

查尔斯·汉迪的《第二曲线》于1997年首次在中国出版，直到今天都还有很强的影响力，这是因为第二曲线为我们提供了一种跨越周期、转型升级的思想方法。他认为，大自然和人类社会组织大多有一个诞生、成长、衰退、结束的周期，如果在衰退到来之前能开启第二条增长曲线，就可以安全跨越周期。

受"第二曲线"理论的启发，我们当时对中国建材的战略做了调整，布局了企业后发增长的三条曲线，所谓"看着一个，吃着一个，备着一个"。第一条曲线是做好现有产业的转型升级，就是继续做好基础建材业务，进行结构上的优化调整。第二条曲线是发展新技术和新产业，就是大力发展新材料、新能源等产业，目的是使新产业成为未来的利润支撑点。第三条曲线是发展新业态，即积极探索制造服务业，使它成为新的经济增长点。

按照三条曲线的布局，中国建材构建起了三足鼎立的业务格局，形成了一大批新技术、新成果和新模式。这三条曲线的划分，也让集团下面的各业务单元都处在某一曲线的发展范畴内，大家都非常清楚各自的任务，企业的目标和实现路径也很清晰，从不打乱仗。

依靠第一曲线的稳定收益和第二曲线、第三曲线的持续发力，我们经受住了市场的各种考验。布局这三条曲线，其实也是对企业的业务结构进行了一种战略性的调整。第一曲线的业务已经非常成熟，处在平台期，未来的趋势是减量发展，即便如此，在衰退期来临之前还是要持续地发挥出它的优势，并用基础业务的稳定效益去反哺新材料与新业态的投入与研发。这三条曲线为企业的未来创造出了稳定的盈利增长新格局。

企业的领导者要去分析自己的产品与技术是处于哪一个生

命周期，也要试着去画自己企业的成长曲线，看看是否具有延续性，第二曲线、第三曲线是不是能利用第一曲线在价值链上显示出来的专业化能力，或者是刚好与第一曲线的专业化能力互补。企业要把跨越周期、进行转型升级当作重要的事情去提前布局谋划。

在行业下行时做好细分领域

转型不是转产转行，而是要对现有业务进行精耕细作，在此基础之上再去持续地优化升级，用新技术、新商业模式去深度挖掘市场需求，在领域内做好细分，去改造企业并提升企业的效益和原有的行业价值。

哪个行业都有做得非常好的企业，也有做到破产的企业，这就是问题本身。所以，不要简简单单地想离开这个行业到另一个行业去，那个行业可能竞争更激烈。没有落后的行业，只有落后的技术和落后的企业；没有不赚钱的行业，只有不赚钱的企业。

只要确认行业的市场容量还是很大，只是困于过剩竞争，那就不能简单地转行。在这种时刻，企业就是要细分，并要在细分领域争做头部企业。水泥行业有万亿级的市场容量，一年产量有20多亿吨，而且水泥是性价比很高的胶凝材料。我以前曾提出水泥的"四化"转型方向，就是高标号化、特种化、商混化和制品化，今天来看，我仍然觉得水泥企业应该注重这些细分发展。市场细分既有地理区域的细分，也有品牌定位的细分，还有产品品种的细分。不仅是大公司需要做细分，中小微企业的出路更在于深耕细分市场。

像爱尔眼科，它只做眼科这个专科，截至 2023 年 6 月，它在全球开设了 816 家眼科医院及中心，是一家千亿级市值的公司。再比如，玻璃行业里有建筑玻璃、汽车玻璃、光伏玻璃、电子玻璃、光学玻璃等，福耀玻璃只做汽车玻璃，做成了细分领域的头部企业。蓝思科技以技术创新为先导，掌握了消费电子产品防护玻璃生产的核心技术和工艺。

如果一个行业的专业度已经很高，那么在专业里还得学会再细分。海天味业作为中国调味品行业的龙头企业，主营的酱油能做到 100 多种。我们北方人吃酱油一般就一种，广东人家里有好几种。企业要把产品做出花样来，增加产品的附加值，不断提高客户的满意度。为什么这些行业要不断提升技术水平去做细分？这是因为细分能赚更多的钱。

企业转型要立足自己的主业，利用科技进步、结构调整、市场细分等方法来赢得竞争优势，然后创造出更多的利润。对于一些细分领域的头部企业，即使遇到经济下行也不用太过担心，它们依靠核心竞争优势，仍然能够获得良好效益。

转型的方向有"四化"

企业如果要转型，可以朝着高端化、智能化、绿色化与服务化的方向去转，这四个方向是企业焕发生机、重获竞争优势的有效途径。

改革开放初期，我们经历了大量制造中低端产品的阶段，在这个阶段，我们积累了资金，提高了技术和管理水平，产品逐渐走向中高端。而现在我们的目标是做到产品卓越，进入高端水平。像中国建材的大型水泥和玻璃成套装备，现在在全球范围属高端水平。30年前，这些装备都是我们买跨国公司的，但现在跨国公司都来买中国建材的。

作为上市公司协会的会长，这几年我调研了上百家上市公司，让我印象最深的是企业数字化、智能化转型的速度竟如此之快。5G（第五代移动通信技术）等新一代信息技术赋能了一些新的应用场景，云计算、大数据、人工智能、工业互联网、物联网等等，支撑了我们产业数字化转型。江西的江中制药是一家中药厂，2016年就大力开展了智能化改造，从制剂到包装全部实现了无人化。我去泸州老窖参观过它投资120亿元打造的年产10万吨的白酒生产线，新工艺实现了智能化，这让我很惊喜。

绿水青山就是我们的金山银山，美好的环境是我们赖以生存的基础。我在北新建材、中国建材工作时的做法是原料上尽量采用工业和城市废弃物，发展循环经济；在生产过程中，尽量做到零排放；在产品应用过程中，要保证消费者的健康。公司的所有生产要素是按照环境、安全、质量、技术、成本来排列的，其中环境被放在第一位。为了应对气候变暖，我国提出在 2030 年前实现碳达峰，2060 年前实现碳中和，这就要求每个企业都要从自身做起，实行绿色生产，走绿色发展道路。对企业而言，现在只要顺势而为，在其中就可以找到很多发展机会。

发展制造服务业也十分重要，比如在一些发达国家，其服务业的营业收入约占 GDP（国内生产总值）的 70%，而制造服务业的营业收入又占服务业的 70% 左右。中国建材集团旗下的瑞泰科技，它以前的业务是销售耐火材料，而现在的业务是为客户修窑保窑，收取服务费用。中材国际在海外建设的水泥厂，以前大多交给印度、巴基斯坦人管理，现在由中材国际自己的智慧工业公司负责包投产和后继管理，它成了一个工业管理公司，目前管理着全球几十家水泥厂。

按照这四个大的方向去转型，企业就可能逆势崛起。

遵循行业发展规律与企业成长的逻辑

中国建材集团能实现跨越式发展，有人说是运气好，有人说是"奇迹"。我认为，所谓的运气就是发现了那些不容易被发现的内在规律，而"奇迹"一定在规律之中，越不出规律的边界。最聪明的人不一定成功，只有发现规律，遵循规律，并且老老实实按规律做事的人才能成功。

企业的成长其实是有一些规律的。企业就像一棵树，不同的成长阶段有不同的需求。先生根，需要肥沃的土壤；然后长高，需要更多的阳光和雨露；再长粗，需要具备抵抗风雨的能力；最终枝繁叶茂、硕果累累，长成参天大树。企业一般也会先经过快速成长期，之后进入稳定期与成熟期，向着百年老店的方向前进。企业成长的逻辑就是由小到大、由弱到强、由强到优。

以前我们在经济高速增长阶段，企业成长期最重要的是迅速做大，这符合市场经济和现代工业的最基本规律。有了规模才可能有更好的效益，就好比要增产一万斤粮食，种1000亩地比100亩更容易实现这个目标。央企最初的目标是做大，不进入行业前三名就会被淘汰。但做大是基础，不是最终目的，做企业不能贪大，否则一味追求规模，很容易走上盲目扩张之路。在做大之后，企业进一步的成长目标就是做强做优，提高核心竞争力。

现在企业不能靠以前粗放式的增长方式来发展了，必须高质量地发展。企业赚钱越来越难，这就需要我们做企业更加精准、精细、精益。精准，就是战略上不犯错和少犯错；精细，就是更好地降成本和提质量，把产品做到极致；精益，就是更加重视高效运营，在市场挣到更多的利润，同时防范各类风险。

经济发展有周期，有些行业也有周期。做企业还是要遵循行业发展规律与企业成长的逻辑，注意发展节奏，重视周期性变化。周期上行时可快一些，周期下行时可慢一些。但无论是快还是慢，都要突出一个"稳"字。做企业，前进冲锋、攻城略地，那当然好，但是也得学会转移，学会保留实力，要有进有退，学会以守为攻。

第二篇

创新

企业创新是生产要素和生产条件的新组合，新组合的主体是企业，创新的领导者是企业家，而企业家用于创新的杠杆是资本。企业的创新要有目的、有质量、有效益，不光要重视高科技，也要重视中科技、低科技、商业模式的创新。企业的创新并不神秘，有方法可循，关键是要采用合乎企业实际的创新模式。

06

创新的本质
是一种新组合

如何进行新组合

技术创新是企业创新的核心

创新要做好产学研的合作

不同的创新高地模式

创新的本质是一种新组合，目的在于创造出全新且与众不同的产品和服务。企业最重要的工作是组合科技要素，同时做好产学研的结合。企业与政府之间紧密合作打造出了多种创新模式。

如何进行新组合

创新的本质是一种组合，是企业对生产要素和生产条件进行的一种新组合。比如引进新的产品，引用新的技术，开辟新的市场，找到原材料或半成品新的供应来源，实现企业新的组织，等等。我们常听到的科技创新、商业模式创新、管理创新等也都是各种要素的新组合。

今天我们不难理解什么叫"新组合"。比如新能源汽车，它是把电池、电机、电控等组合了起来，区别于汽油车的汽油箱、发动机、方向盘的老组合。电池也是一种组合，把正极材料、负极材料、电解液等组合了起来。再如互联网经济，实际上就是将互联网要素和实体经济组合在一起，比如淘宝、京东等，它们把线上检索下单和线下产品连接在一起，通过物流快递等方式进行新组合，这颠覆了以前传统的实体店、大商场模式。

创新是一种革命性的变化，一万辆马车还是马车，只有将马车变成汽车才叫创新。有一个词叫"破坏性创新"，企业家创新的意义就在于打破均衡。无论是互联网还是新能源汽车，这些"破坏性创新"实际上都是对过去均衡的破坏，实现了一次质的飞跃。

想在企业里进行创新，首先是要用心尽力去找企业与外界的一些基本要素，然后去思考是否可以对它们进行各种组合，看看能组合出什么新的业务与新的模式，从而创造出新的价值或使原有价值增值。企业里的原始发明创造毕竟是很少的，还是要靠大量的新组合。我们进行新组合不能只运用点线思维，而是要形成一种网状思维，学会连接与联通。

技术创新是企业创新的核心

企业创新既有技术创新，也有组织创新、管理创新、商业模式创新等各种创新。但是，坦率地讲，技术创新还是企业创新的核心。尤其是今天这个高科技和新经济的时代，技术创新至关重要。即使是传统企业，也得用技术创新助推企业进行转型。

现在我们常讲的科技创新包含三层含义。一是科学，科学是发现，发现未知是科学家的任务。二是技术，技术是发明，即运用科学知识、科学技术，首创出先进、新颖、独特的具有社会意义的新事物、新方法，能有效满足某种需要。工艺、装备等都要依靠发明，这些发明大多在科研院所里。三是创新，创新是产品，企业家的任务是如何使产品做得更好，实现功能更好、质量更高、成本更低，取得更佳的效益。这三层含义是互相结合、互为联系的。

科学发现是技术发明的基础，技术发明是企业创新的基础。比如气体方程中的节流原理，它在实践中的应用是空调和冰箱。相对地，企业创新也促进了技术发明和科学发现。企业在17世纪末就造出了蒸汽机，那时还没有热力学定律，蒸汽机造出来后，才催生了热力学定律。

现在我国的科技创新发展得很快，有的技术和产品已经领跑世界，但有的仍面临着被别人"卡脖子"的境况，企业里的供应链和技术链的完整性得不到保障。为破解这一局面，一方面，我们要科学创新，也就是要加大基础研究，因为基础研究是推动原始创新、构筑科技和产业发展"大厦"的基石。另一方面，我们需要加强技术创新和企业创新，尤其是加大对"卡脖子"项目的投入。令人欣喜的是，我们的国家实验室体系正在蓬勃发展，一批国家科技创新中心、区域科技创新中心在各省市地方建立起来。

创新要做好产学研的合作

长期以来，我们提倡产学研结合的创新体系，这取得了一定成效，产学研结合的核心是企业，企业作为创新的主体，为了满足市场需求，寻求与大学和研究机构的合作，而学校和研究机构里最新的发明和技术也可以通过企业进入市场。

我们一方面需要更多有价值的科技成果；另一方面也需要让更多科技从成果库里走出来、从象牙塔里走出来，真正转化为生产力，为企业做有效的增值。而我们的科技水平发达与否，追根溯源是要看基础科学研究水平的高低。

现在我国的科技创新主要集中在新材料、芯片、新能源、生物医药、航空航天等领域，这些领域的任何一个技术难点都不容易突破。基础研究是科技创新的源头，我们面临的很多"卡脖子"的技术问题，根本的解决方法就是要加大基础研究开发的力度，把原理和底层逻辑搞清楚。

做好基础研究，不仅是高校与研究机构的责任，有能力的科技型企业、大企业也应该参与其中。要想成为一个真正具有持久创新性的企业，就应该责无旁贷地去参与和建设产学研的联盟。我并不大赞成学校直接拿研发的技术成果做企业，学校应该把技术转移给企业，或者是接受企业的委托研发相关的技术。

中国建材有一家水泥公司嘉华特种水泥，它依托集团内的科研院所与合作高校的科研成果，发展成为国内最大的特种水泥生产企业。公司研制发明了60余种特种水泥，满足了我国在国防、石油、水电、交通等众多行业的工程建设需要。国内的很多大坝都要做成无缝的，因为它一旦有缝就非常危险，嘉华水泥、中国建材总院携手中国三峡等合作研制出了一种低热水泥，从而真正实现了"无缝大坝"，三峡大坝、白鹤滩水电站等都使用了中国建材提供的这种特种水泥。中国建材还推动建设了国内最大的水泥研发基地，积极打造水泥领域的原创技术策源地。

产学研结合是科技创新的重要驱动力和提高核心竞争力的重要途径，对促进可持续发展有不可替代的作用。只要企业的产学研做得扎实，能顺利解决好两张皮、三张皮的问题，未来的基础研究、企业的创新发展都会迈上一个新台阶。

近些年，不少企业主动作为，积极融入了国家基础研究、应用基础研究的创新体系，在工业母机、高端芯片、新材料、新能源汽车等领域加强了核心技术的攻关。作为科技创新的国家队，国有企业，特别是中央企业应加快打造原创技术策源地和现代产业链链长，改变关键核心技术受制于人的局面，为实现高水平科技自立自强提供强劲动能。

不同的创新高地模式

创新是一种组合，如果企业的创新组合不仅带有科技元素，还吸引了产业链上下游及相关产业、技术的集聚，企业所在的城市就会慢慢发展成为创新的高地。城市里产业结构越是优化，要素流动就会越顺畅，发展的活力也会越充沛。久而久之，这种创新带来的集聚效应与活力，就容易形成一种城市的精神风貌。以前的温州模式是大力发展民营经济，苏南模式是发展乡镇企业，浦东模式是中外合资，这些都带动了我国区域经济的增长。

说到创新的高地，在对不同类型公司的调研与走访中，我也看到了国内有两个城市很有特点，它们虽具有不同风格，但都创造出了新的经济增长极。

深圳和合肥这两座城市的创新给我留下了深刻印象，它们既发挥了有效市场的效应，也展现了有为政府的作用。深圳这座城市是靠草根创新创业发展起来的，其民间创新力量非常澎湃，几乎家家都在创业，人人都在创新。深圳市政府着力营造一个有利于创新创业发展的环境，遵循"有事服务、无事不扰"的原则，大力弘扬企业家精神，使深圳成为我国的创新高地。而合肥市则是政府主动作为，政府引导基金大力支持企业创新，外加充分发挥科教优势，为当地企业培养大批科技人才，这使得合肥由一个经济后发城市转变成为我国经济发展和企业创新的高地。

过去，钢铁、化工、建材等重工业，以及房地产、出口加工等行业带动了经济的发展，而现在我们已经进入一个新的时代，不能只靠过去传统的产业，而是要用新型的工业来带动经济的发展。我们在推动传统产业转型升级的同时，要大力培育战略性新兴产业，构筑新的增长极，创造新的经济活力。

合肥不断打造战略性新兴产业，形成了新的增长极，新能源电动车、数字产业、半导体、新材料、生物医药、新基建等都是正在大力兴办的产业。此外，合肥还有两个特色产业，一个是显示产业，以京东方为首，包括中国建材的电子薄玻璃和模组生产线；另一个是科大讯飞带领的智能语音产业，打造出了"中国声谷"。要想带动一个城市经济的发展，可以先创造出新的增长极，从而带动其他行业的发展。

无论是国家层面还是地方层面，政府都对创新倾注了很大的热情，并提供了各种支持。中国建材除了在安徽蚌埠的电子玻璃和大型显示模组产业，还有铜铟镓硒薄膜太阳能电池生产线，在合肥设有全球最大的一窑五线的光伏玻璃生产线，也建有世界最先进的大型水泥国际实验室和亚洲最大的水泥成套装备基地，这些都得益于安徽省和合肥市的大力支持。

近些年，深圳的服务型与合肥的引导型创新模式给了我们不少启发。创新高地的主体是企业，因此无论选用哪种发展模式，想打造出哪种特色的创新高地，或者是想创造出哪种新的增长极，归根结底还是要踏踏实实做好企业创新，支持企业创新。

07

要进行
有效的创新

创新要能为企业创造效益或价值

依靠资本市场进行创新

创新既要重视高科技，也要重视中科技和低科技

减少创新风险有方法

创新是第一动力，解决经济跨周期问题、克服企业的困难、提升企业的竞争力，都要靠创新。今天是个创新的时代，但创新又是有风险的事情，人们总讲"不创新等死，盲目创新找死"。所以，企业创新一定要与实际相结合，要能为企业带来明显效益或创造价值。企业还要依靠资本市场做好创新，既要重视高科技创新，也要重视中科技创新和低科技创新，要减少创新的各种风险，把握好创新的度，进行有效的创新。

创新要能为企业创造效益或价值

从长远来看，如果没有效益，再好的创新，企业都不能轻易做。企业在创新投入上也要量入为出，量力而行，企业的创新如果没有产生利润、市场价值，就很难持续。

摩托罗拉公司曾经研发出一个创新成果——铱星电话，并发射了66颗卫星构成铱星移动通信系统。铱星电话可以支持在全球任何一个地方通话，但由于室内信号较差和通信费用太高，最终没能竞争过现在的"蜂窝"移动通信系统，摩托罗拉公司因此亏损严重，受到很大的拖累。

铱星电话毫无疑问是个创新，可是最终没产生效益，反而拖累了摩托罗拉。可见，不是所有的创新都要拿来用，首先要思考这个创新怎么样，是否能产生效益。企业创新其实是承担了一定的风险的，有时候风险太大，不能承担，就不要轻易去做。

多年来，百度从搜索引擎发展到了人工智能、自动驾驶领域，发展的核心始终是技术，坚持技术改变世界。百度在技术创新中遵循的原则是"攀登珠峰，沿途下蛋"，要求企业在长期研发投入的过程中有结果、有收入、有利润。正是因为有这些硬性指标，百度才不断壮大，发展成了在国内外排名都靠前的科技公司。

加大企业的创新投入很重要，但产出也很重要，要特别关注企业的投入产出比。企业是个营利组织，如果不盈利再好的创新也做不下去，所以，企业创新的硬约束是要创造效益或价值。

北新建材的石膏板是一个持续创新的产品，很多人觉得石膏板没有太多技术，其实不然。石膏板一般用于隔墙吊顶，北新建材研发了相变石膏板，它热的时候可以吸热，冷的时候可以放热；也有净醛石膏板，本身不含甲醛，同时可以吸收房屋里的甲醛，从而尽可能地解决甲醛问题；后来开发的"鲁班万能板"，APEC（亚太经济合作组织）会场里面都有用。这家公司的创新投入产出比就很高。对企业来说，赚了钱的技术是好技术，有些技术，如果既不能为企业创造利润，也不能在资本市场创造价值，那么它在企业是不能用的。

依靠资本市场进行创新

资本市场是创新的土壤，资本是企业家用于创新的杠杆。我到有些省市调研企业时，当地干部对我说，第一缺技术，第二缺资金。其实真正缺的是创新文化和资本。很多人把资金和资本混淆了，资金可以通过贷款获得，但贷款要付较高的利息，所以最重要的是缺资本，而不是资金。过去，一些企业融资难、融资贵，也是因为千军万马都上了一个独木桥，都要跑银行融资。这不光推高了企业的融资成本、财务成本，也给银行带来了风险。

企业要拥抱多层次的资本市场，提高直接融资比重。我国目前直接融资和间接融资的比例在3∶7左右，而发达国家的比例一般是7∶3左右。企业直接融资大致分为三种，一是通过企业间相互持股参股，二是通过私募基金，三是通过二级市场上市。企业要充分利用好资本市场的科创板、创业板、私募股权、风投基金等，选择合适的融资工具。

比如，京东方的创新发展就与资本市场给予的巨大支持密不可分。建一条液晶显示屏生产线需要近百亿元的投入，这就要借助资本市场的力量。一开始，京东方以每股 2 元的价格向项目所在地政府增发股票，随着公司的发展，股价上涨，政府从市场逐渐退出，资本投资者进入，这个过程非常巧妙，把几方面的力量都综合利用起来了。

高科技企业更需要依靠资本市场。高科技创新其实很不容易，需要比较长时间的投入，如果没有足够的资金和实力，做高科技难度肯定很大。这些年，我国各类私募基金发展也很快，这些基金主要投资创新型企业，把它们打造成独角兽企业，然后再发展成上市公司。

美国的金融体系是以资本市场为主，德国和日本的金融体系是以银行业为主，我们的金融体系是把两者结合起来的多层级资本市场，根据企业的成长周期来选择各自的融资和资本运营方式。近些年我国资本市场发生了重大变化，已由工业型资本市场转向创新型资本市场，上市公司也由融资导向转为价值创造导向。像贵州茅台上市这么多年实际只融了一次资——22.44 亿元，分红却超过 2000 亿元，市值超过20000 亿元。

创新既要重视高科技，也要重视中科技和低科技

高科技很重要，因为一项高科技可能会带动一个行业的发展。但高科技投入比较大，所需时间也比较长。尽管如此，面

对西方的"卡脖子",有条件的企业还是要攻克高科技难关。

企业创新除了要重视高科技,也要重视中科技和低科技。一方面是可以用高科技引领中科技、低科技的发展,另一方面是因为中科技、低科技也是高科技的基础。在发达国家,高科技带来的经济贡献约占25%,大量创新是中科技和低科技的开发应用。

北新建材的石膏板,在全球质量最好,销量也最高,它的技术是让石膏板既轻便又强度高,这个技术不是高科技,可能是个中科技,但成就了产品的核心竞争力。

有些年轻人在和我交流的时候,表达想做高科技企业的愿望。做高科技不是不能做,只是投入实在太大,在自身技术实力和经济实力与目标相差太远的情况下,还是要立足实际,可以先从低科技、中科技或者商业模式创新做起,先发展企业,积累资金,再做高科技。

减少创新风险有方法

创新是个试错过程,从群体来看,大量的试错,不少企业可能会失败,成功者只是少数,但它们都为创新和技术进步做出了贡献。而企业经营又希望稳健,希望不出错和少出错,因为从生存本能来讲,大概没有哪个个体愿意先死掉,所以经营的基础是谨慎性原则。这似乎是矛盾的。其实做企业始终要面对这个两难选择，通常没有十全十美的方法。

企业创新是个高风险活动，在创新的过程中，要努力减少创新的风险，有一些关键点需要把控好。

首先，要有目的地去创新。创新是有目的地寻求机会的过程，有目的地创新能减少 90% 的风险，漫无目的、盲目地创新，往往存在巨大风险。2000 年前后，社会上曾涌现出电子商务热和纳米热，大家一窝蜂去做，结果很多企业失败了；近年来又掀起了元宇宙热、ChatGPT 热。外界变化是需要关注，但创新却不能跟风，要实事求是，要有理性思考。

我建议大家在熟悉的领域创新，这并不是说不能进行跨领域创新，外部的某些创新可能对行业产生很大的乃至颠覆性的影响，必须认真研究，但创新通常需要对一个行业有着深刻的了解，不是多年积累的内行，对于风险点和路径往往无从判断，盲目跨界往往会有巨大风险。

其次，要进行有组织的创新。创新不能靠单打独斗，任何创新都是在一个系统组织中进行的，要学会开放共享。北汽蓝谷的联合实验室有华为、宁德时代等不少企业联合参与，各方提供相关的技术，共同开发一流的新能源汽车，也共享技术创新的成果。

南钢（全称"南京钢铁股份有限公司"）全年产钢 1000 万吨，主要生产板材和特种钢，像我国建造的大型豪华邮轮的厚板都是由南钢提供的，因而南钢的效益也很好。南钢的技术创新采用开放式创新模式，与国内外行业龙头企业、设计单位、高等院校开展产学研合作，还建有南钢英国研究院、南钢日邦研究院等开放式高端研发平台为科研工作赋能，吸引世界各国专家人才加入，利用国内外创新资源实现联合、精准、超前研发，企业创新效能和核心竞争力不断提高。南钢通过数字化改造实现了全过程智能化经营，这在国际钢铁业也是首屈一指的。

此外还要对创新进行有效的管理。在创新中，管理的作用不容忽视。爱迪生当年创建了六七家公司，虽然他是个大发明家，经常有新发明，也很会引资，不缺资金，但他不相信管理，更不相信职业经理人，认为企业就是技术加资本。最终，由于管理不善，爱迪生创立的通用电气被逼入破产境地，他不得不放弃对公司的掌控。

有一次我去伦敦参加一个国际会议，一位曼彻斯特大学的教授找到我说："我有一个高科技上市公司，不过只做技术研究和技术转让，做产业不是我的长处，我知道你们正在做薄膜太阳能，我有项技术，想成熟之后转让给你们。"这个故事我给中关村的高科技公司讲过。技术也是商品，一些科技公司可以进行技术转让，不一定都去开工厂，实际上做工厂是另一门学问。

这些年不少人问我，企业创新要有多大的把握才能做，我说70%左右，至少要50%。因为企业不是风投机构，风投的成功率有10%就可以干，成功一次可能就把所有的钱都赚回来了，企业的投资往往比较集中，投入也大，时间还长，所以不能承受太大的风险。即使70%的成功率，也还有30%的失败概率，但我们也知道，100%成功的创新根本不存在。

08

企业家是
企业创新的灵魂

企业家应是创新的痴迷者

努力做成创新型企业

创新文化是创新的基础

创新体系中要重视两项重点工作

创新的主体是企业，领导企业进行创新的是企业家，企业家是企业创新的灵魂人物，不仅是创业者，也是创新的痴迷者。创新文化是创新的基础，企业家要在企业内建立起创新文化，鼓励大家一起创新，并在创新体系的竞争中获得优势。

企业家应是创新的痴迷者

企业家既是创业者，也是创新的痴迷者。我在中国建材时把企业的核心价值观归纳为八个字：创新、绩效、和谐、责任。我把创新放在了最前面。

我大学毕业后就到了北新建材工作，从那时开始一直秉持着创新的理念，即便是后来到了中国建材，把战略调整为做水泥，在做好传统建材业务的同时，也在积极推动开发新材料。

正是因为这点，很多年前我就有了一个习惯，每到一个地方就会去了解当地企业有什么新技术或新产品。

碳纤维是高档复合材料的重要原料，被称为材料行业"皇冠上的明珠"和21世纪的"黑色黄金"，具有优异的力学性能和耐腐蚀性，在许多领域都有广泛的应用。中国建材一直想在碳纤维方面有所突破。

2005年5月我去连云港出差时，当地市领导给我推荐了一个创业者张国良。第一次见面时，他刚建成一条年产20吨T300碳纤维的小生产线。我在参观企业以及和张国良交谈时对两点印象很深：一是他是做装备出身的；二是他是创新的痴迷者，能在车间里连续工作48小时，一日三餐都是由家里人送饭到工厂。我本人是学工艺的，明白碳纤维的难点并不是工艺原理的问题，而是装备实现工艺的问题，从装备角度思考，能增加成功的把握。我也很欣赏张国良身上这种拼命三郎的干劲，人要有这种精神，什么事都难不倒他。

中国建材决定支持这个碳纤维创新项目，与之合作成立了中复神鹰碳纤维股份有限公司（简称"中复神鹰"）。经过十多年的发展，中复神鹰碳纤维的强度已从T300逐步提高到T700、T800、T1000。2018年，中复神鹰高性能碳纤维产业化技术荣获国家科技进步奖一等奖，填补了我国碳纤维高端技术的空白。2022年，中复神鹰在上交所科创板上市，效益良好，市值达到300多亿元，成为中国建材新材料产业里的潜力股和新星。

企业家不仅要自己痴迷于做企业、痴迷于企业创新，还要善于发现痴迷于创新的创业者、创新者，在他们困难的时候给予帮助，也可以邀请他们加入企业的事业平台，大家一起创新创业发展。

企业家的创新思维方式很重要，一定要把复杂的问题简单化，是什么问题就聚焦什么问题，直击目标解决问题。我早年当厂长时用这种直接思维方式解决了企业中许多看起来难以解决的技术和生产问题，中国建材一些技术创新层面的发展也源于这种思维方式。

只要创新的思路与方向是正确的，风险也是可以承受的，我们就要坚定不移地走下去。一个产业的培养没有 10 年左右是出不来的。创新有时候要有耐心，打个比方，创新不能种草，而是要种树，虽然种树更辛苦，但回报却是种草不能相比的。

努力做成创新型企业

一个企业的失败往往是因为墨守成规和缺乏创新精神。缺乏创新会葬送一个企业，努力创新则会救活一个企业。企业家就是要带领员工进行创新，做创新型企业。

创新型企业有五大特征。一是拥有大量具有自主知识产权的核心技术。这样企业的整体技术水平才可能在同行业中居于领先地位，能够积极主导或参与行业、国家或国际技术标准的制定。二是具有持续创新能力，创新不断档。三是具有行业带动力和自主品牌。四是能产生显著效益。作为创新成果的知识产权，只是企业创新成果的直接表现形式，企业创新的最终成果应当是包括经济效益在内的综合效益。五是具有创新发展战略和文化。重视企业战略的创新发展，努力营造企业的创新文化。

独角兽企业是被资本市场认同的创新型企业，一般指创办时间在 10 年以内，资本市场估值超过 10 亿美元的企业。它是把创新和资本这两项结合在一起，以市场估值来衡量的。根据胡润研究院发布的《2023 年全球独角兽榜》，中国有 316 家独角兽企业。

我曾和几位年轻人交流过创新创业方面的话题，我问他们："你们的目标是什么呢？"他们回答："我们的目标是，第一步先进入独角兽行列，第二步要上市。"为了打造独角兽企业，他们中有的人在遇到困难时甚至把自己的住房都抵押了。听到这些年轻人创新创业的故事，我很是感慨，中国的创新型企业未来大有可为。

创新文化是创新的基础

创新一般源于一个创意。厉以宁先生讲过创意、创新、创业的逻辑：先有创意，然后变成创新，最后把创新变成创业。中华民族是个有创意的民族，我常想，能写出神话的民族一定是有创意的民族，像《西游记》里的72变就是创意，中国是一个有创新文化的国家。

埃德蒙·费尔普斯在他的《大繁荣》中说，创新往往靠创新文化和草根创新。他认为下一个创新的国度是中国，因为中国有突出的创新文化。他还认为，大多数创新是由千百万普通人共同推动的，正是这种大众参与的创新才带来了庶民的繁荣兴盛，即物质条件的改善加上广义的"美好生活"。

创新文化是一切创新的前提和源泉，培育创新文化对企业具有重要作用。创新是一项团体活动，只有企业家一个人创新是成不了事的，还需要企业家集合一批志同道合的人一起创新；有了创新创意的点子，也需要人去实施，去变成可见的技术与产品。因此，企业领导者一定要鼓励员工都参与创新，让企业深深地刻上创新的基因。

鼓励员工创新，我有三个原则。一是要讲究团队协作。创新不是一个人的灵光乍现，而是大家在充分交流中形成的创意、创新，这种交流可能是跨专业、跨级别、跨企业单元、跨行业的，企业要营造这种能顺畅地沟通交流的宽松环境。更重要的一点是，企业要让员工参与到与客户的交流中去，越挑剔、满意度越低的客户，带来的建议可能会更多，更能激发出企业的创新。我们要有一种开放心态，接受有利于创新的思想。二是要给予团队创新引领者空间，具有创新精神的人往往很有主见，要给予他们尊重和支持，为其配置所需要的资源，不过多去干预，放手让他们在市场中去拼去闯。三是对成果丰硕的创新团队要及时给予奖励，物质与精神的奖励同时进行，而且带来的效益越大，奖励得就要更久更多。

企业要支持员工尤其是科技人员大力创新，尊重基层人员的首创精神，因为企业大量的创新往往来自一线员工。北新建材的石膏板发泡技术就是一线工人发明的，每年能为企业节省2亿元成本。按照节省金额的一定比例，公司对创新者进行了奖励，对这项技术创新也进行了宣传。

当所有人都知道企业是真金白银奖励创新，是真心实意对待创新者时，更多员工就会受到感染，加入进来，这是一个正向的循环。企业的领导者要充分相信自己的员工，善于鼓励员工，当员工感觉到被信任时，也会最大限度地发挥自己的创新积极性与善意，来回报领导者的信任与期待。

创新体系中要重视两项重点工作

工业革命以来，一些发达国家之所以崛起，大多是因为它们成功构建出了独特的创新体系。今天大国之间的竞争，很大程度上体现为各类生态系统所承载的创新体系之间的竞争。企业也是如此，企业要做好创新的顶层设计，建设好创新的生态，做好创新体系的竞争。

企业里的创新体系建设，主要包括创新的人才吸引与培养、创新的制度与基础设施的建设、创新的环境氛围、创新的方向与方法、创新的文化，以及与外界的互动等要素。创新的实施非常重要，其实有时候我们并不缺少创新的点子，而是缺乏实施，以及对实施效果的把控。创新也要讲究知行合一。中国建材集团的创新体系覆盖了研发、设计，包括新能源、新材料等产业创新，是个比较好的综合体系。

在企业创新的体系中，我们必须重视两项重点工作。一是必须建设一流的实验室。很多企业常常只重视产量规模，而缺少实验室的投入，所以就很难再创新。二是要重视装备的研发。很多企业喜欢不停地引进新的装备，却不重视装备的自我研发和创新。

建材企业的核心竞争力之一就是装备。中国建材这些年在装备上下了很大功夫，几个设计院成立工程公司打造成套装备，功夫不负有心人。现在中国建材在水泥、玻璃、石膏板、玻璃纤维、碳纤维等领域，不管工艺水平还是装备水平都堪称世界一流。

我在江南造船［即江南造船（集团）有限责任公司］调研时，参观了它的船舶建造现场和数字化实验室。江南造船盈利能力位于行业前列，其下属的江南研究院拥有 10 个创新实验室，并同时开展上百项研究，这些研究包括船舶产品创新、材料创新、新型动力装置、造船的工艺工法改造等方方面面。造船业非常复杂，有许多新技术的应用场景，江南造船把研究与实践紧密结合，解决传统制造业的实际问题。

09

要选择合适的创新模式

自主创新，自立自强

集成创新是一种很重要的创新模式

持续性创新与颠覆性创新两手抓

企业创新也要重视商业模式创新

提到创新，许多人觉得很难，感觉摸不着边际，无从下手。实际上，创新不是天才的专利，也不是个别人的"灵光乍现"。企业的创新既有规律可循，也有模式可依。企业常用且在现实中行之有效的五种创新模式分别为自主创新、集成创新、持续性创新、颠覆性创新、商业模式创新。企业可以根据自身情况，选择合适的创新模式。

自主创新，自立自强

自主创新是指用自己的力量开展创新，包括原始创新和独立创新。自主创新不仅能帮助企业摆脱受制于人的尴尬境遇，还有利于构建企业在市场竞争中新的护城河。一个国家自主创新的企业越多，国家的科技实力就越强。世界一流的企业大多以自主创新为主，我国不少企业也是依靠自主创新走在世界前列的。

自主创新大多是国家和大学科研部门以及大企业的中央研究院完成的。自主创新投入大，就像一种新药的研发，过去大约需要 10 年时间和 10 亿美元的投入。中复神鹰现在是国内碳纤维行业的龙头，其自主创新的过程也是历经了十几年，并且得益于中国建材长期大力的支持，它才能攻克装备制造的难关，打破国外的长期技术封锁，直至成功产业化。

华为能够取得今天的成功离不开在自主研发上的投入。华为设有研发中心和面向基础科学研究的实验室，它在世界各地拥有研发人员约 8 万人，2022 年的研发投入超过 1600 亿元。华为在行业中逐步攻入无人区。宁德时代 2022 年的研发投入达 155 亿元。这些高科技企业的研发投入都是比较高的。

自主创新能力和基础科学有关，也与工业基础有关。企业要有一流的实验室，要加大自主创新的投入，加强实验室的建设。中国建材在玻璃领域的创新，得益于拥有一个国际一流的玻璃实验室。依托中建材玻璃新材料研究总院的强大技术支撑，中国建材成功量产 0.12 毫米超薄电子触控玻璃，这项创新成果创造了以浮法技术工业化生产的世界最薄玻璃纪录，整套技术及装备具有完全自主知识产权，极大增强了行业的创新活力和核心竞争力，荣获国家级科技进步二等奖和中国工业大奖。

集成创新是一种很重要的创新模式

集成创新是把各种要素集合起来的创新。在当今世界，企业创新很少是靠"独门绝活"完成的。集成创新可以将借鉴的技术和自己的专长结合起来，或者把一些看似不相关的技术移植过来，就像把做面包的技术运用在做馒头上，形成新的技术和产品。

通过广泛吸纳海内外资源，引进先进的技术和高层次管理人才，把技术要素和技术思路与大市场有机集成在一起，牢牢占据行业的制高点，真正做到在相关领域领先一步，并取得增值效果，这是集成创新的真正价值所在。

中国建材加大集成创新力度，把各种要素结合起来开展创新。通过收购德国企业和研发中心，依托慕尼黑实验室的技术，在铜铟镓硒太阳能领域实现了创新突破。中国建材还在安徽蚌埠建设了实验室和铜铟镓硒生产线，两边一起完成了很多原材料国产化、光伏建筑一体化设计等工作。此外，中国建材还攻克重重技术难关，在成都建成了全球最大单体面积的碲化镉发电玻璃生产线。

国外制药公司的一些技术研发往往用外包方式进行。很多小公司是夫妻店，两口子是化学专家，在网上接受外包，拿到定金就开始做，做到一定程度再收取酬劳。这个模式就是把一个完整链条的创新分成若干个片段，然后分包出去。创新不再是简单地在一个实验室里面闷头干，而是集成全球的力量，构筑云平台，把人才都吸引到这个平台上来，集聚大家的智慧共同创新。

持续性创新与颠覆性创新两手抓

企业的大量创新属于持续性创新。这么多年来，水泥行业一直在进行持续性创新，从小立窑生产水泥到湿法水泥，再到现在的新型干法水泥，技术水平一直在进步。水泥行业正是通过技术创新加快了转型，提高了附加值，同时还运用互联网思维，大力推广"水泥＋"的模式，使得市场空间变得更大。

颠覆性创新往往是小企业在大企业和中型企业意想不到的地方或不愿意涉足的领域有了新的突破，最后颠覆了整个行业。颠覆性创新在一个行业中大多是15~20年发生一次，也不是所有企业都可以进行颠覆性创新，这取决于企业的战略以及资金、人才、技术等资源条件。事实上，很多大的领先企业之所以会失败，就是因为对持续性创新比较坚持而对颠覆性创新不够敏感。

2009年我到国药集团做董事长时，见到了当时的卫生部部长。他告诉我，IT（信息技术）是高科技，摩尔定律表明每18~24个月产品技术就会更新换代一次；而在医药领域，阿司匹林是1897年发明的，但到了现在还在用。医药也是高科技，但对应的周期比较长。

今天很多行业的创新速度都在加快。之前我在宜宾参观了一家叫极米的科技公司，这家公司是做智能投影和激光电视的。10 年前，几个年轻人搞起来的公司，现在做出了琳琅满目的新产品。我看完以后就想，这可能会对液晶电视行业产生影响。

新一轮科技革命和产业变革日趋激烈，对我国的产业发展来说既是挑战也是机遇。像电动车、动力电池、太阳能光伏电池等行业技术的迭代速度很快，区块链、元宇宙等数字化、智能化技术也发展得很快。

ChatGPT 智能聊天机器人的横空出世，一方面让大家感觉很高兴，另一方面也让大家感觉很有压力。总的来讲，创新是一件好事情，因为它可以提高工作效率，但同时也可能带来一系列挑战，比如一些工作岗位会被优化。其实，历史上的每一次重大创新，都发生过类似的过程，我们也不用过于恐惧。人工智能只是我们人类智能的延伸，人的创造力仍是第一位的。面对技术创新，我们还是要积极拥抱新技术，而非因害怕而拒绝。

当然，企业自身只有不断创新才能掌握主动。创新要着重打造新的增长点，包括新业务、新产品等。宁德时代的效益很好，全球市场占有率很高，但即使是这样的企业，它在创新上也是绷紧了神经。它坚持四大创新：材料及材料体系创新、系统结构创新、极限制造创新、商业模式创新，通过四大创新支撑企业的竞争优势。

对大企业来说，在做好持续性创新的同时，应克服惯性思维和阻碍创新的内部制度，把持续性创新和颠覆性创新结合起来，在创新的两难中平衡发展。持续性创新是看家本领，企业必须做好，同时又要投入一部分人力、财力研究颠覆性创新。不注重持续性创新，今天就没饭吃；而不注重颠覆性创新，明天可能就没饭吃。

如何既造"矛"又造"盾"呢？最好的办法是把进行颠覆性创新的部门独立出来，做个新部门，和原有业务分开。靠原有业务部门搞颠覆性创新是很难的，因为颠覆性技术跟原来的技术逻辑截然不同。比如，汽油车和电动车看起来都是四个轮子的汽车，但揭开前盖会发现两种汽车的技术逻辑完全不同。像广汽不光燃油车做得好，它开发的埃安新能源车也很好，这是把持续性创新和颠覆性创新结合起来的成功典范。

企业创新也要重视商业模式创新

商业模式创新不是一种技术创新，而是一种组织再造的创新，被德鲁克称为零科技的创新。商业模式创新就是发现新的价值创造方式，为企业、客户、社会创造价值，从而淘汰旧的商业模式。像淘宝、京东、滴滴打车等都是商业模式创新。

中国建材的智慧工业模式也是一种商业模式创新。以前我们是自己建水泥厂，自己管理，或者是给别人建水泥厂，客户自己管理。后来发现，在有些国家建水泥厂，需要一流的技术人员和管理人员，发达国家的人员不愿意去，当地人又做不好，中国建材在业内的口碑好，客户也非常信任，所以业主选择中国建材继续为其提供培训与管理服务。这样的模式不需要重资产的投入，但效益可观。中国建材旗下的智慧工业公司，现在在国外管理着几十家水泥企业，输出了一大批有技术水平和管理能力的人员，为这类客户提供服务。

我在企业里提出"+"的模式，其实也是另一种形式的商业模式创新。中国建材的"水泥+"模式、"跨境电商+海外仓"模式、"BNBM HOME"连锁模式等都做得很成功。做企业都想盈利，有一个业务，就想再做第二个、第三个，其实可以先研究自己企业的业务能否沿用"+"的模式，如果能在现有业务基础上延伸出其他相关业务，可能投资相对会少，还能获利。

小米公司仅用9年时间就成为《财富》世界500强企业。我和雷军交流过，他们是用互联网模式来做实体经济，倡导"让用户参与、让用户爽"，在业务中"+"上了"米粉"，创造出了不一样的盈利模式。"米粉"是小米产品的忠诚客户，不断为产品的创新和改进提出建议。小米创新的特点是以客户为中心，打造客户超凡的体验，并通过多种互联网营销手段与客户互动。

做企业一定要在商业模式上动脑筋，学会在价值链或价值网中思考问题，通过改变商业模式的构成要素或组合方式，用不同于以往的方式提供全新的产品和服务，不断提高价值创造能力和盈利水平。

10

科技与商业的
创新融合是大势所趋

科学家与企业家从分工到融合

科研院所进企业

要解决科技成果转化的问题

中小企业的科技创新策略

现在科技型企业如雨后春笋般出现，科学家与企业家也从以前的明确分工转化到逐渐融合，我们要培养具有科学家精神的企业家，也要培养具有企业家精神的科学家。科技的商业化要紧抓时机，要重点解决科技成果转化成生产力的问题。大的科研项目离不开大企业，中小企业的科技创新别具特色，但也要注重与大企业的合作。

科学家与企业家从分工到融合

虽然企业家与科学家的创新出发点不同，但两者有些特质是相似的。科学家与企业家做企业，角色并不是决然分开的，也有可以融合的地方。

现在越来越多的科学家成为企业家，也有不少企业家成为科学家。宁德时代的曾毓群是从中国科学院物理所毕业的博士，现在是全球最大动力电池公司的董事长。国药集团的杨晓明是我国科技部"863"计划疫苗项目的首席科学家，曾担任中国生物集团的董事长。中国建材集团的彭寿，则是一位企业家型的科学家，他懂经营、善管理、有技术，因研发信息显示玻璃技术成为工程院院士。

在今天的高科技时代，我们既需要有科学家精神的企业家，也需要有企业家精神的科学家。科学家型的企业家，有技术优势，但同时要加强学习管理方面的知识。对于很多传统型企业家，我建议多学习科技知识，要做懂科技的企业家，这是企业家需具备的能力。

科技和商业在创新方面的深度融合，是当今时代的一大特点，也使更多企业有望成为一流企业。纵观世界一流企业，它们大多有自己的重点实验室、研发中心以及庞大的科研队伍，企业的长远发展离不开科技的支撑。

科研院所进企业

企业是技术研究开发投入的主体、技术创新活动的主体、创新成果应用的主体，但创新本身却需要企业与科研院所深度的融合。我国的科研院所有自己的特点，以前是直接归部委管理，2000年左右改制与部委脱钩后，大部分进入大企业集团。

怎样发挥院所的长处，怎样把院所的技术和企业的创新紧密结合起来，曾经是个难题。

中国建材原来是一家产业集团，研发实力是短板。2005年2月，中国建材与同为央企的中国建材院实施战略重组，之后整合集团原有的12家科研院所，成立中国建材总院，形成了行业内规模最大、技术水平最高、最具权威性的科研开发和工程服务机构。以往，科研院所转制要么直接进企业，要么转成企业进入市场。而中国建材集团与中国建材院的重组模式，既发挥了转制院所的科技优势，又增强了企业的自主创新能力，真正实现了产业与科研两大要素的结合。这一重组被称为科研院所转制的"第三种模式"，国务院国资委领导说："中国建材院进入中国建材集团，使中国建材集团发展成国际一流企业成为可能。"

中国建材旗下的北新建材在进入防水领域的时候，除了整合了行业的防水企业，更重要的是重组了集团的防水研究院，这使得北新建材在防水领域做成一流成为可能。一方面，院所服务企业；另一方面，企业也可以拿出资金反哺研发机构，真正形成创新体系。

我们把院所放到企业里，掌握了几个度。第一，要保留院所体制，不要简单地将其当成一般下属企业看待。经历60多年的发展，这些院所都有自己的历史积淀、技术积淀，这些一定要保持。第二，要促进产业转化，像中国建材总院旗下的瑞泰科技和国检集团都做成了上市公司。第三，要和集团产业进行合作，把技术应用到产业里来。我们把这些问题都解决得很好，既没有让院所散掉，也没有让它因循守旧，而是让它市场化、企业化，同时与集团之间互相借力，形成这样一种结构。

中国建材总院重组后，确立了"六大平台"的定位。一是国家级建材与新材料重大科学技术的研发平台，因为院所是国家建设的，要承担国家任务。二是建材行业共性、关键性、前瞻性技术的研发和服务平台，要促进整个建材行业的技术进步和产业升级。多年来，建材总院在水泥煅烧技术、特种水泥技术等方面为水泥行业整体的技术进步做出了很大贡献。三是建材与新材料高科技成果的产业化平台。四是中国建材所属企业技术创新的支撑平台。五是建材行业高素质科技人才开发和培养的平台。六是国际建材与新材料学术和技术的交流平台。

科研院所一定要在大的服务领域思考未来，牢记自己的产品是技术，方式是服务，突出研发和服务优势，不是比谁的营收规模大，而是比谁的技术更先进，谁更能为客户提供优质的解决方案。院所还要制定行业标准，积极参与到国家标准的制定中去。三流的企业做产品，二流的企业做品牌，一流的企业做标准。掌握行业标准的制定权，就可以占据行业竞争制高点。

要解决科技成果转化的问题

企业家的创新与科学家的创新还是不一样的，科学家是研究理论问题，重视原理，重在发现发明，研究出来后，还有成果转化运用的问题。对这一问题的思考，企业家比科学家考虑得可能要多一些，因为科学家追求的是出科研成果，关于这个成果是否可以转化为技术或产品，是否有市场需求，可以运用在什么场景，是否能为他本人或者能为企业带来利益，这些是企业家必须考虑的。

把科技商业化，其中重要的一环就是要解决科技成果转化的问题。现在我们的科技创新要面向世界科技前沿，面向国民经济主战场，面向国家重大需求，面向人民生命健康，新的科研成果如果无法走向市场，无法转化为生产力，就只能永久地放在那里了，不能产生任何社会效益。

现在越来越多的专业化科技型企业，其成果的转化与运用，产业化、规模化都可以在企业内部进行。但那些需要与外界科研机构等合作的企业，则需要凭借自身对市场的敏感度，选好想要转化的成果。如果是集团下面有很多科研院所的企业，它就需要考虑如何将众多的科技成果迅速分类转化，使之能走出院所，为院所、为企业、为社会大众带来效益与福祉。

科大讯飞是一家专业化的高科技公司，也是第一家中国在校大学生创业的上市公司，它的发展战略是"顶天立地"。"顶天"是指核心技术始终保持国际领先，"立地"是让技术成果实现大规模产业化应用。这家公司的源头技术创新与产业应用有着非常好的互动，凭借自身力量跨越了科技成果转化的"死亡之谷"。

企业研发的科技产品要能量产，只做实验室的一点样品是不行的，每个产品要能规模生产，有一定合格率，最后要有效益。我们在介绍创新产品时，需要回答产量是多少、合格率是多少、赚不赚钱等问题。作为产业投资型企业，进行的创新一定要能够产业化，不能量产、没有规模效益的创新坚决不做。

中国建材集团旗下的科研院所，在为企业与行业服务的过程中，也产生了很多科技成果。我们把这些科技成果做了分类：能为集团服务的，有可能发展壮大成某一平台公司主业的，就在集团孵化；不能为集团服务的就市场化，将科技成果出售给需要的企业。看准了的科技成果转化要迅速，不能错过抢先的机遇，一旦错过，还没等大规模产业化，还没有给企业带来良好的回报，其技术在市场上可能已经被淘汰和颠覆了，所以转化的时机和快慢也很重要。

中小企业的科技创新策略

科技创新通常被视为一个纯粹的市场化活动，但其实科技创新离不开政府的支持和引导。科技创新既需要有效的市场，也需要有为的政府。近些年，政府进一步加大了对科技创新的支持力度，推动大型企业、科研机构、高等院校等面向中小企业开展技术研发、检验检测、资源共享、技术成果转化推广等技术服务，以打造大中小企业融通创新生态。今天，我国已进入创新经济时代，大企业创新顶天立地，中小企业创新铺天盖地。我们要用创新的实际规律来看待各类主体在创新中的不同作用和相互融合。

埃德蒙·费尔普斯在《大繁荣》一书中提到了草根创新，当今许多创新不是由大企业创造的，往往是中小企业完成的。有创新活力的中小企业持续涌现，是衡量一个国家或地区经济繁荣的核心指标之一。我们现在鼓励"专精特新"企业发展，也主要是支持中小企业发展成"专精特新"小巨人，再使其通过资本市场做大做强。

中小企业创新创业的首要问题是创新技术来源，在这方面，有不少科技型中小企业的创业者本身是高科技人员，比如像安徽国盾量子、上海澜起科技、深圳韶音科技等企业的负责人。但在创业过程中，企业还需要不断提升创新能力，因此要建设一个有实力的研发团队共同创新。在建设技术团队方面，企业也要特别重视内部机制，让技术骨干入股，形成稳定的创业团队。对于许多中小企业来讲，技术来源可以通过和大学、研究机构合作，寻找一些新的技术，或者把自己尚未成熟的技术委托他们进行研究，也就是产学研结合的方式。当然，还可以从市场上寻找一些技术资源，比如收购一些小型科技企业获取技术资源。

中小企业创新创业的第二件事是如何获得资金和资本的支持。这方面首先要研究国家产业政策的支持，现在国家和地方的产业引导基金有很多，像合肥市产业投资引导基金以资本的力量支持产业创新发展；杭州的玉皇山南基金小镇入驻金融机构 2000 多家，支持企业的创新和高质量发展。企业要争取获得政府的支持，也要争取进入地方一些科技产业孵化园区，以享受一些资金支持政策。二是获得大企业资金支持，这方面，不少大企业也在选择一些好的中小科技企业合作，大企业有技术积累，资金雄厚，还可以提供产业链上的帮助，像当年的中国巨石和中复神鹰都是选择了中国建材而获得支持的。三是靠资本市场，这方面十分重要的是讲清讲好自己的企业故事。记得 2020 年初举办的"2019CCTV 中国创业榜样"颁奖典礼有很多基金机构出席，当时一些创业者就请我出主意：怎么能够让这些基金愿意投资？我说，首先要把企业的故事讲清楚，讲得能让投资者脑门发热，这样才能吸引到风投、财投、战投等投资基金，将企业培育成为专精特新小巨人和独角兽；再择机上市融资，让企业发展壮大起来。当然，光会讲故事不行，企业既要讲好自己的故事，也要做好实际的事，要创造价值、回报投资者，这两点要结合起来。

中小企业创新发展，也要重视企业的规范治理。企业快速成长的前提首先是要规范运作，从一开始就要进行合规经营，只有这样才能吸引投资者投资，也才能为今后上市打好企业的治理基础。作为一家中小型企业，更要把握好专业化的战略方向，加强企业内部管理，积极开拓市场，做好产品和服务。

第三篇

经营

经营是做正确的事，目的是提高效益；管理是正确地做事，目的是提高效率。现在我们要从卓有成效的管理者转变为有效的经营者。不是说管理不重要了，而是经历40多年改革开放的历练，我国企业管理水平已经大大提高。但经营却不一样，今天企业面临太多的变化和不确定性，保证做正确的事并不容易。经营企业，整合资源比创造资源更有效。企业遇到风险与危机时，要快速处理与化解，力争将损失最小化。

11

经营是
做正确的事

从生产管理转向经营管理
经营要在不确定性中做正确选择
企业领导者首先是一个经营者
做有效的经营者

我们已从生产管理时代走向经营管理时代，在经营管理时代，最关键的是要从不确定性中做出正确的选择，眼睛向外，更关注市场变化。专注于提高企业的效益，成为有效的经营者，要把经营与管理工作结合起来。企业的一把手首先就应该是个会经营的行家里手，要学会把管理工作下移给部下。

从生产管理转向经营管理

在西方语境里，企业管理是大管理概念，往往把经营和管理都涵盖其中；而在东方语境里，我们可以把经营和管理分开来讲，经营是做正确的事，管理是正确地做事。我们要先决定经营，即做正确的事，再去正确地做事。

20 世纪实际上是生产管理时代，但 21 世纪的这 20 多年，我们已经从生产管理时代走向经营管理时代。面对今天快速发展的科技革命和市场需求变化，如果只依赖管理，企业很有可能会停滞不前。因为在当今时代，大量的技术和经验已经嵌入智能化机器，作业员工数量大大减少，传统管理的效能在减弱。在这样一个时代，企业要盈利，面临的最大问题是创新、市场和环境不确定性，而解决这些问题需要的是经营能力。

在生产管理时代，企业主要是立足于做好产品，聚焦内部的管理，解决效率的问题。而在经营管理时代，企业主要是立足于做正确的选择，把经营放在第一位，但这并不是说管理不重要了，而是说经营更重要。时代变了，我们的工作重心发生变化，这都是正常的，但最终还是要把对外经营和对内管理有机结合起来的，这个宗旨不会变。

企业的经营者要做正确的事，必须眼睛向外，关注市场，主要目的是提高效益。在管理方面有人能帮你，但经营没有人能帮你。经营者的使命就是创造效益和价值，而管理者的使命主要是降低成本、提高质量。从某种意义上说，管理是经营活动的一个子项，重点在于解决成本问题，成本降低有利于增加利润；但如果经营出现失误，即使管理能做到零成本，企业也不见得会盈利。

世界上管理工作做得特别好的企业，因为一个经营失误而轰然倒下的屡见不鲜。日本拥有堪称世界第一的管理，然而20多年前哈佛大学迈克尔·波特教授就预言，日本会因创新的落后而停滞。过分强调管理而不重视创新，企业会因创新能力弱而逐渐失去竞争力。当然一些日本企业在经历失去的 20 年后通过创新又成功转型了，扭转了过去单纯依赖管理的情况。汽车和白色家电曾是日本的两大支柱产业，现在许多企业转型进入新材料、半导体材料等领域。比如日本东芝公司的主要业务从电器领域转到核电、水电、氢能源等领域。对我国企业来讲，我们之前一直学习日式管理，如精益生产等，但今天面对市场的变化，我们更要重视经营。不重视外界的变化，不重视经营，就做不出正确的选择。

经营要在不确定性中做正确选择

外界的变化日新月异，企业要在不确定的环境下做正确的事，难度较之以前更大。现在描述当今世界时代特征的时候，大家常常用不确定性、不稳定性来形容。尤其是科技革命和新经济的影响，给企业带来了挑战。企业的稳定成长周期在缩短，同时面临的选择却越来越难。这个时候，企业如果一味盯着内部，是很难生存的。企业必须能在不确定性中做出正确的选择，做正确的事情。

决策者能否在不确定性中做出正确选择，一是取决于决策者的价值观，二是取决于他对商业规律和技术逻辑的把握与判断。我在中国建材时把企业的核心价值观归结为创新、绩效、和谐、责任，遇到要做选择的时候，首先就是从这四个维度去考虑。但我们也不只是追求最高的绩效，总体方向是要做好的商业，做善的商业；不仅考虑企业，更要考虑企业的生态，如果绩效伤害到了生态，我们就应该做出调整。

中国建材的药用玻璃是科技扶贫项目。中国建材当时决定进入药用玻璃行业，主要是考虑到两点：一是我国高端药用玻璃大部分依赖进口，中国建材拥有玻璃制造的核心技术，应该开发这个业务领域；二是希望在扶贫项目中做一些科技帮扶。现在，中国建材攻克技术难关做出的玻璃瓶，各种疫苗都会用到，大的医药公司生产头孢、青霉素也会用到。

中国建材是在 2018 年决定投资中国商飞的，当时做出这一决策主要是考虑到三点：一是支持我国的大飞机事业；二是中国建材有碳纤维产品，商飞有需求——飞机的结构会用到碳纤维；三是投资大飞机会使中国建材在资本市场上有升值的空间。2018 年我第一次到商飞去看时，他们正在制造 C919，2023 年我又专门去了一次商飞，了解到他们已经做出 8 架，并已交付 2 架。商飞做大飞机也有几十年，他们开始时是做 ARJ21 支线机，也交付了 100 多架支线机。商飞做大飞机是有基础的，现在生产的 C919 是宽体机，发动机更加新式，飞机的外观也很漂亮。

这次我登上飞机去体验了一下，现场的工程技术人员告诉我，安装一架大飞机要用 200 多万个零部件，想来这是多么不容易的事情啊。我和商飞的主要领导也进行了深入交谈，我发现商飞人都非常有情怀，他们在企业里常讲四个长期，即长期奋斗、长期攻关、长期吃苦、长期奉献。做企业确实需要正确的价值观和家国情怀。

企业领导者首先是一个经营者

企业领导者应该是经营的行家里手，要思考盈利的方法，要能为企业赚钱。赚钱的企业不一定都是好企业，但不赚钱的企业称不上好企业；赚到钱的不见得都是好的经营者，但赚不到钱的一定不是好的经营者。经营能力是企业领导者的核心能力。

在经营管理时代，企业领导者需要加大对经营工作的研究，重新定义企业的中心工作。但现实中，大多数企业领导是从基层管理岗位上来的，他们对企业的理解更多的是管理，并且多年专注于此，要让他们转向思考不确定性的经营思维模式并非易事，但这又是一个非转不可的弯。回想以前我当厂长那会儿，企业开会讲的大多数是管理工作，大修理、质量控制、现场管理等，后来到中国建材集团后，我们开月度经营会主要是围绕市场、价格、创新、商业模式等经营问题进行交流。

企业的一把手对经营层面要了如指掌，如市场工作，不能只听销售人员汇报，要真正在市场前沿，关心企业盈利。我刚到中国建材上任时，想了解企业的效益情况，财务总监却说要先问问下面的企业，做一下统计，然后才能汇报，这让我很吃惊。我是从北新建材这家上市公司过来的，当了几年的上市公司董事长，早已习惯了一上来就要问效益情况，营业收入、利润、销量、成本等指标那必须是烂熟于心的，而且每天的经营情况也必须掌握。

而后我到中国建材集团所属企业去调研，发现一些企业现场管理搞得不错，员工着装也很整洁，但对经营状况却不太重视，大多数人说的都是企业内部的管理情况，对公司业绩却闭口不谈。究其原因，一是他们没有效益观，二是效益确实也不好。

做企业一定要创造价值，要有效益观，要把盈利当作最基础的工作，要用数字说话。成员企业的经营情况要主动汇报至总部，总部要掌握成员企业的情况。我到企业调研时开门见山地说："我想问大家的是企业收入和利润如何，资产负债率如何，净现金流有多少，投资回报率怎么样……"开始时，这些问题让很多企业一把手不习惯，但后来他们逐渐也能对答如流了。

多年来，我和干部们谈得更多的是企业经营之道。正是因为这样，经过多年训练打磨，中国建材培养出了一大批经营的好手。各个业务板块的一把手，其80%的工作是经营内容，20%的工作是管理内容。一把手要眼睛向外，把企业经营好，让企业赚到钱。

做有效的经营者

彼得·德鲁克在 20 世纪 60 年代写过一本书，叫《卓有成效的管理者》，他在书中提出了有效管理者的五个基本能力，即善用时间、聚焦贡献、用人所长、要事优先、有效决策。现在企业的管理水平都有了一定的基础，企业更应该注重经营工作。我觉得现阶段企业的领导者要做有效的经营者，这主要体现在五个方面：一是正确选择，二是有效创新，三是资本运营，四是整合资源，五是共享机制。

任何一个经营者，首要的任务都是抉择和选择，一定要搞清楚自己是干什么的，不要一天到晚忙于日常事务，而忘记了方向的选择。

创新是有目的地寻求机遇的过程。企业家不是一定要去冒风险，而是要规避风险，企业家最好的特质是捕捉机遇的能力。今天，对企业经营者来讲，最重要的就是要进行有效的创新，而不是盲目创新。

今天的企业经营，既包括产品经营，也包括资本运营，而且，企业要想发展得快就必须进入资本市场，在资本市场，重要的是为股东创造价值。不上市，企业最重要的是创造利润，而上了市，企业既要创造利润，又要重视创造价值，而且创造价值更重要。

诺贝尔经济学奖获得者乔治·斯蒂格勒认为，当今美国没有一家大公司不是在某个时刻，用某种方式进行兼并重组而发展起来的。中国也是，目前中国的市场足够大，企业足够多，不少行业出现过剩。市场不只是考验企业创造多少财富的能力，而且考验其整合资源的能力。这是今天有效的经营者的一项重要工作。

共享机制是我一直以来非常关心的问题。共享机制是让金融资本和人力资本共享企业财富的机制。华为是怎么发展起来的，靠的就是"财散人聚"的机制。任正非个人在华为的股份不到1%，剩余的股份由工会全员持有。国企万华化学也是通过科技分红和员工持股发展壮大起来的。这样一种共享机制是管理层与员工都愿意接受的——共同创造财富、共同分享财富。

有效的经营者，归根结底就是要能为企业带来效益，为员工带来幸福。企业的领导者要从卓有成效的管理者转变为有效的经营者，就是把经营和管理工作有机地结合起来，既能提高效率，也能提高效益。

12

做企业要学会
整合资源

最大限度地利用社会资源做企业

端出三盘牛肉是整合资源的好方法

建立产业与资本、资源的整合模式

资源配置三原则

今天衡量企业家的能力，往往不是看他有多大的创造资源的能力，而是看他整合资源的能力。企业的目标确定后，我们先要找到实现目标所需的资源，然后找到资源整合的办法，把各种资源有效地整合在一起。在现阶段，我们尤其要注重产业、资本与资源的整合模式。企业在整合资源之后，重要的一环是更好地重新配置资源，以达到企业效益与价值最优。

最大限度地利用社会资源做企业

按照经典的企业成长理论，企业的成长往往是内生式成长，关注的是如何让企业内部资源得到最大化利用，如何依靠现有的资产和业务，实现销售收入和利润的增长。而在经济全球化、经济转变发展方式的今天，企业除了关注内部，也要关注系统资源的集成能力与优化能力，关注存量整合形成的资源集聚效应和综合价值的提升。

我们现在做企业，所需的资源并不一定全部是自己的，也不必凡事都从零开始，那样做既没有必要，也会错失良机。企业的目标确定后，我们先要在市场上找到实现目标所需的资源，然后找到资源整合的办法，把各种资源有效地整合在一起。

中国建材和国药集团都处在充分竞争的领域，过去行业处在小、散、乱的状态，新建只会增加更多的过剩，只有把这些企业整合起来，才能实现很好的规模效益。中国建材是区域化布局，像下围棋一样，把一块儿市场占住，组建水泥核心利润区。国药集团则像天女散花一样分散布点，建立覆盖全国的药品物流分销配送网络，用终端业务撬动上游产业。庞大的营销网络是国药集团最具实力的王牌之一。虽然两家企业都是在整合资源，但方式方法是有所区别的。

学物理学、化学的人都知道什么是临界体积，放射性元素累积到一定体积的时候就会发生链式反应，释放出巨大的能量。做企业同样如此，当资本、技术、人才等各种资源聚集到一起的时候，就会产生集聚效应。如果你不去市场找资源，关起门来完全靠自己做，两耳不闻窗外事，那么费了很大劲儿，吃了很多苦，最后还是发展缓慢，企业的雪球总是滚不大。做企业，重要的是学会最大限度地利用社会资源，做成自己的事。

端出三盘牛肉是整合资源的好方法

"今天的社会竞争，不在于你拥有多少资源，而在于你整合资源的能力。"这句话讲得很精辟，也很到位。

当初中国建材组建南方水泥，选择整合的市场突破口是浙江，那时浙江的情况是水泥企业群龙无首、市场陷入恶性竞争。浙江民营经济发达，水泥行业迅速淘汰了落后的小立窑生产线，全省水泥工业实现了向新型干法生产工艺的技术升级。但浙江上百家水泥企业参与竞争，激烈的价格战把水泥价格从每吨400多元压到180元，几乎所有的水泥企业都在亏损。

但其中，有四家企业的水泥总量约占浙江水泥市场份额的50%，分别是浙江水泥、三狮水泥、尖峰水泥和虎山水泥。我们认为，要组建南方水泥就必须先整合这四家企业。当时，这四家企业都找了合作对象：浙江水泥与一家欧洲水泥公司签订了合作协议并支付了定金，会计师事务所进场正在做尽职调查；三狮水泥正在和一家香港公司谈判；尖峰水泥董事长已买好机票，要去马来西亚签署合资协议；虎山水泥正计划加入当地的一家化工企业。

2007年的春天，我们把四家水泥企业的老总邀请到杭州的西子宾馆。西子宾馆之前叫"汪庄"，因此我们把这次会谈称作"汪庄会谈"。我端出"三盘牛肉"：第一盘是价格公允，一律请中介机构评估；第二盘是留给他们30%的股权，以前他们虽有100%的股份，但不赚钱，以后虽然只有30%的股份，却能分不少钱；第三盘是把经营层留下来，经过培训转为新企业的职业经理人。"三盘牛肉"打动了他们，这四家企业的老总决定接受中国建材的水泥业务重组方案。

整合听起来很难，实际上只要真正能互利共赢，为大家切实解除后顾之忧，人心齐了，再难的事情也不觉得有多难了。

建立产业与资本、资源的整合模式

多年前，中国建材就发挥资本和资源优势，整合了民企浙江巨石集团和山东泰山石膏。巨石做玻纤业务，泰山做石膏板，巨石和泰山都在各自细分市场做成了知名品牌。

水泥行业最初主要是通过大企业重组中小企业的方式整合。在重组整合中小企业之后，中国建材不断创新模式，投资入股海创、亚泰等多家大型水泥上市公司，实现了从与中小企业产业融合到与大企业资本融合的转变。

回想这段历程，中国建材能迅速发展成为全球行业的领军企业，正是因为进行了产业与资本、资源的整合，而不是靠自己单枪匹马地去做。如果仅仅依靠自己一家家地去新建，中国建材是做不到现在这个规模的。

记得当年我参观法国圣戈班，跟时任首席执行官的白峰交流时说，中国建材不能走自建式的产能扩张道路，而是要把现有的企业联合起来，走一条全新的成长路径，促进市场健康发展。白峰先生听了有点儿意外，他认为普通企业考虑的是怎么引进技术、建新线，而我们却是从行业的角度、市场的角度、战略的角度来考虑企业发展。

他说的一段话我至今记忆犹新："中国建材集团是全球最具动力的建材企业，现在我们每个月度会上都会问一句中国建材集团在想什么。"那时我们的规模还小，我们只知一路向前，对自己的未来并不十分确定，他说的话我们也没想到。

当然，事实证明，白峰先生并没有看错我们。短短几年间，中国建材集团的营业额实现了跨越式增长。回想起来，白峰先生较早发现了中国建材这匹黑马，作为一位全球知名的企业家，他从中国建材的思考模式里洞见到了中国建材的未来。

资源配置三原则

企业的资源配置是个重要问题，往往要根据环境、机遇、自身条件和目标，将资源在不同的时间、空间和数量上进行合理分配，追求资源配置的有效性并降低成本。企业整合资源之后，其中最重要的一环是更好地配置资源，以达到企业效益与价值的最大化。

把资源分配好也是个技术活，关于如何做好分配，我有三个原则。一是根据企业发展战略进行资源配置，像中国建材大规模整合水泥行业时，集团就集中资源加大对水泥核心利润区的投入，以提高企业的定价实力。近些年，中国建材集团根据发展战略，又重点投资新材料行业，近两年，新材料行业为集团创造了可观的效益。二是按照效益原则进行资源配置，向为集团创造良好经济效益的业务板块进行倾斜，也就是把更多的资源集中到优势企业和优势经营者，像北新建材、中国巨石、南方水泥、中材国际等，这些业务平台得到了集团大力支持。三是给高成长创新业务配置资源，像碳纤维、电子薄玻璃、锂电池隔膜、氮化硅陶瓷等新项目也都在集团大力支持下发展壮大起来。

这些年，中国建材也加大了对内部资源的合理配置和调整。中国建材的科研院所进入相关企业，比如防水院进入有防水业务的北新建材，合肥院进入有工程装备业务的中材国际，这些都是集团在科研院所与企业之间的配置；此外中国建材总院也吸纳了一些院所，这是院所之间的配置。无论是哪种模式，中国建材的这种资源配置，都在业务增长、效率提升、产业链完善等方面做出了成绩。

还有另外一种比较特殊的资源配置，就是从市场中整合，集中资源之后，根据市场需要和企业需要，进行资源优化。这种优化可以使企业技术改造升级，继续参与市场竞争，也可以有选择地内部处理一些资源。大企业进行整合之后，重要的一项工作就是"间苗"。

什么是"间苗"？就是关闭多余的工厂。这就好比种田要去除多余的苗或长势不好的苗，只有这样，留下的苗才能长得更好。我们看重的是大田的总体收获。在产能过剩阶段，去产能就要关工厂，在市场经济中，工厂少了建，多了关，这是基本逻辑。过去我们建工厂是为了经济效益，收工厂是为了经济效益，关工厂其实还是为了经济效益。把该关的关掉，产销平衡才有利于生产力的发挥，整个行业才会有经济效益，企业才能长久获利。

水泥的产能严重过剩后，我们开始关工厂，把以前建设和重组进来的一些工厂关掉，虽然很多人想不通，但这是规律。以前我去日本调研，看到日本很多现代化生产线都停掉了，当时还很不理解。直到我们需要关工厂的时候，我才明白日本企业关掉一部分工厂的做法是对的。处理掉这些资源，企业必然会有阵痛，但却是绕不过去的关口。因为严重过剩同样会造成资源和能源的巨大浪费，所以一切要服从于市场。

关工厂是需要在资源整合的基础上进行统筹安排，是需要由区域性大企业或领军企业来布局的，其原则就是整体利益最大化。这样做有三个好处。

第一，这些工厂的银行贷款会转移到区域大企业，关工厂过程中银行不会形成死账、坏账。中国建材当年在浙江等省收工厂组建南方水泥时，银行特别支持，因为我们把150多家水泥企业重组集中后，也集中了这些企业的贷款。重组之后，南方水泥关了一些小规模的生产线，水泥价格稳定了，企业有了利润，把欠银行的本息都还上了。

第二，关工厂后，可以把工厂的土地等资源释放出来。只要土地的出让价格比原来收购企业的价格略高或者持平，这部分产能就实现了和平退出。

第三，大企业更有力量解决员工安置问题。工厂关闭之后，大企业可以发展水泥制品、骨料等关联产业，力争自我消化工厂的员工，从而避免了单家工厂破产倒闭后全体员工失业的后果，也减轻了社会再就业压力。

13

要进行
有机的联合重组

从有机成长到有机重组

要收会下蛋的鸡

重组的核心是互利共赢

深度整合是重组后的重要工作

以前的管理理论把企业成长分为两大类，把企业自我发展、内生式滚雪球发展的方式称为"有机成长"，而把并购重组称为"无机成长"。如果在重组时同步进行有效的深度整合，联合重组也可从无机变有机。重组是以盈利为前提的，如果重组对象有核心技术或核心专长，能产生协同效益，那就充分用好"老母鸡理论"，加快重组速度。重组的核心就是要互利共赢，不仅收人也要收心。

从有机成长到有机重组

企业的成长，以前把有核心业务和核心技术、自我滚动式的发展称为有机成长，而把兼并式发展称为无机成长。前些年企业兼并重组的成功率不高，现在成功率有所提高。我不大用

"兼并重组"这个词，喜欢用"联合重组"，觉得这个词更能说明这种成长方式，也更容易为被重组方接受。

水泥行业的海螺水泥是靠有机成长方式发展起来的，用了40多年时间，中国巨石也是靠有机成长发展起来的，也用了40多年时间。中国建材发展水泥却要在比较短的时间把水泥行业进行整合，做的事情就是一场有机的重组，把看似无机的联合重组有机化。

重组后成员企业如何求同存异，抑制劣势和风险，做到优势互补，是其面临的一个不小的挑战。重组要有原则立场，中国建材在重组过程中遵循的原则有四个。一是被重组企业符合公司的战略要求，在公司的战略区域内，并满足重组的资源、装备条件和标准。二是被重组企业具有一定的规模、效益和潜在价值，企业被收购后能产生利润。三是被重组企业能与现有企业产生协同效应，不仅能保证新收购项目盈利，也能带动原有业务，产生 1+1>2 的效果。四是重组风险可控和可承担。要把风险降到最小，即使有风险，也要可控、可承担。

有机成长与联合重组并不是对立的。有自己独特核心业务、核心技术的企业，选择内生成长完全没有问题，但和有资金支持、有相同价值观的企业合作，能发展得更快一些。选择联合重组，也要从核心业务和核心技术出发，通过制定清晰的战略、强化协同效应和管理整合，注重风险管控，实现有机重组。

青岛海信（全称"海信集团有限公司"）在海外收购和整合上堪称楷模，现在其收入的一半是从海外并购企业获得的。

海信原来仅有个别海外并购项目，它从 2015 年开始加快海外并购步伐，先后并购了欧洲、日本等地多家企业。这些企业在被并购前往往都十分困难，被并购后迅速扭亏为盈。海信在并购中突出了战略、品牌、管理、文化的整合，把东方管理理念和西方现代管理方式有机融合在一起，创造了独特的海信海外整合模式。

要收会下蛋的鸡

企业想要快速切入一个新行业，布局新产业，如果发现这个行业中有企业在重大创新上已有突破或形成一定的核心专长，就可以迅速重组它，用资金支持它发展壮大起来。如果重组对象能赚钱，那就是一只会下蛋的鸡，可以多给一两个月的鸡蛋钱。对方得到的是公允的价格，企业买到的是重组后的利润，这就是我常讲的"老母鸡理论"。

中国建材在香港上市之后，从资本市场拿到了发展资金，在水泥行业真正开始了联合重组。我们的第一战是在徐州，因为徐州是水泥市场的战略要地，如果失去徐州市场，我们的水泥事业就会全盘皆输。当时我们和徐州海螺两方打价格战，两方都在亏损。经过多轮谈判，最终我们出资 9.6 亿元重组了徐州海螺。

对于这场交易，有人认为中国建材亏了，多付了钱；也有人认为徐州海螺亏了，输了战略。但事实上，这场重组是双赢的，产生了良好的市场效应，中国建材赢得了市场，海螺赢得了效益。对于这场重组，重视后评价的专家组给予了高度肯定，认为它不仅提高了产业集中度和企业竞争力，而且完成了技术升级，避免了行业的恶性竞争。

中国建材的联合重组从来不是为大而大、为多而多，而是紧紧围绕盈利这个目的，从利润出发，这是前提。每一次重组能不能赚钱，盈利点在哪里，盈利模式是什么，这些问题都必须搞清楚。不仅如此，我们主张只有在明显能赚钱的前提下才做，如果过程比较复杂，就有可能考虑放弃。

能赚钱的企业，即使当时价格高些也要收；不赚钱的企业，即使价格再便宜，甚至是免费赠送，也不能要。重组中的溢价由谁来出呢？由市场出。中国建材通过联合重组提高了市场占有率，增强了市场竞争力，实现了重组之后行业价值与企业利润的提升。也就是说，重组的溢价实际是由市场健康后企业获得的效益增量支付的。这也是联合重组的一个基本原理。其实，重组的核心在于，被重组企业重视当期利益，而重组企业重视长远利益，这是重组成功的底层逻辑。

国药集团在建立覆盖全国的医药分销网时，也是用"老母鸡理论"来指导收购工作的。中国建材是按照重置成本收购水泥企业的，即工厂现在的建造成本；而流通药企则是按 PE 值即市盈率收购，这些企业往往最看重销售渠道和客户关系。遇到标的企业收购价格相对较高的情况时，国药集团用"老母鸡理论"分析，打消了干部们的一些顾虑，完成了一些关键企业的收购。

重组的核心是互利共赢

联合重组既有"道"也有"术"，既要符合产业政策、行业和企业的发展规律，又要格外重视一些重组的方式方法，否则多收购一个企业就等于多一道枷锁，很容易被规模拖垮。虽然规模优势很重要，但重组之后企业的质量是我们更看重的。

我们在联合重组过程中，还有一些重组的指引，指导大家如何重组，因为联合重组不是"拉郎配"，不是见企业就收。我们要打造核心利润区，进行专业化操作，以人为本，建立文化认同，并以利润为前提推进。

联合重组的核心是互利共赢。在重组的过程中，要考虑别人的利益和感受，实现利益共享。如果总是想着算计别人，就没有人愿意与你合作。中国建材的联合重组，都是把公平公允放在前面，不占对方的便宜，同时严格按照国家相关规定办理，防止造成国有资产流失。

联合重组不仅是厂房、土地、矿山的联合，更重要的是人的联合。企业是资源，人是更重要的资源。对于原有企业的股东，重组后给他们留有一定股权，这样做提高了他们的积极性，降低了重组风险，也使他们有机会享受公司成长带来的红利。

对于原有管理团队，我们给予充分信赖，保持团队稳定性，给他们提供更好的干事创业平台。对于重组企业员工，在本人自愿的前提下，将其留在公司继续发挥作用；对于确实富余的人员，也会通过内部调剂做好相关工作。

要想春风化雨般地把重组做好，就要想办法让大家的心紧密连在一起。收企业就是收人，收人重要的是收心。收人容易收心难，要得到对方发自内心的认同不是一件容易的事情。我们敞开门真诚欢迎这些企业家与职业经理人加入，大家在这里能找到被尊重、被信赖、被需要的感觉，会想在企业里长久地扎根。当个人与企业建立起深厚的感情时，大家会心甘情愿地付出和追随。

在重组时，曾有不少人放弃了更好的赚钱机会，心甘情愿地选择留在中国建材，后来通过自己的努力把企业逐步做大做强。正是因为我们的真诚与共赢的思想，大家的心才紧密地连在了一起。

深度整合是重组后的重要工作

过去联合重组成功率较低，而现在成功率比较高，因为大家越来越重视重组后的整合工作。全世界的大企业大多是通过联合重组、整合优化发展起来的。深度整合包括业务整合、机构整合、管理整合、文化整合，做好整合工作能让重组企业迅速进入规范管理与发展的快车道，真正实现 1+1>2 的效果。

联合重组解决了资源配置的有效性问题，回答了规模问题、资源问题，但没有完全回答如何使资源发挥更大作用、产生更大效益的问题。只有深度整合与联合重组同时发挥作用才能产生效益。在推动水泥大规模联合重组时，我们也开展了各种整合工作。2006 年重组徐州海螺 3 个月后，我们就在徐州召开绩效管理现场会，提出"五化"管理整合方法。"五化"即一体化、模式化、制度化、流程化和数字化。

在"五化"管理整合思路基础上，当 2008 年金融危机席卷中国市场时，我们又在杭州召开会议，进一步归纳出"三五"管理整合模式，即五化、五集中、五个关键指标。"五集中"指的是市场营销集中、采购集中、财务集中、投资决策集中、技术集中，而"五个关键指标"则是指净利润、产品价格、成本费用、现金流、资产负债率。

在开展管理整合工作时，我反复琢磨，又总结了"八大工法"管理方法，它既有"三五"管理整合的内容，也有开展联合重组的一些市场化经营做法。经过这一系列管理整合，集团的管理成本大幅下降，管理质量跃上了一个新台阶。

2016 年，在原中国建材集团和原中材集团两材重组时，我提出了"六大整合"，主要是指品牌文化整合、两个核心上市公司的整合、水泥业务整合、国际工程业务整合、产融整合与产研整合。做好这些整合工作是相当不容易的。

管理大师彼得·德鲁克说："重组是否成功，关键取决于重组方对被重组方的态度。"企业进行联合重组最重要的就是文化整合，如果文化不整合，企业就会是一盘散沙。中国建材是一个靠联合重组成长起来的企业，有很强的容纳度，其"待人宽厚、处事宽容、环境宽松，向心力、亲和力、凝聚力"的"三宽三力"文化在联合重组中发挥了重要作用，进入中国建材的企业，不分先后，无一例外地都有很强的归属感。

中国宝武由原宝钢集团有限公司和武汉钢铁（集团）公司重组而成，近年来，中国宝武开启了兼并重组的战略布局，先后吸纳马钢、八钢、韶钢、重钢、太钢、昆钢、中钢等钢铁企业。经过实践探索，中国宝武形成了从联合到整合再到融合的一套成熟做法。正如中国宝武领导所讲，没有联合重组，就形成不了建设世界一流企业所需要的经营规模和竞争优势；没有重组后的整合融合，就不可能全面提升管理效率、经营效益和企业的市场影响力、控制力。

企业在联合重组之后，要及时进行深度整合，整合工作不到位，协同效应就发挥不出来，不能带来效益，重组就没有真正成功。像两材重组后，经过一系列的深度整合，公司质量和效益提高了，企业在行业、在全球的地位也提升了，这称得上是一种有机的联合重组，是一种成功的联合重组。

14

从量本利到
价本利

从量本利到价本利
从竞争到竞合
从红海到蓝海
实现共生共赢

产品价格是企业的生命线，在过剩经济时代，我们要从量本利转向价本利，掌握定价主动权，用合理价格取得经营利润，也要从竞争转向竞合，从红海进入蓝海，实现共生共赢。

从量本利到价本利

企业产品价格是企业的生命线，必须认真对待。不少人认为产品价格是由市场决定的，是客观的，企业只能适应，但事实是，市场价格往往是由卖方进行恶性竞争而形成的不合理的低价。在产品过剩和行业下行情况下，企业之间常大打价格战，结果价格大幅下降，全行业亏损，没有一个赢家。

在过去物资短缺、产品供不应求的时代，我们经常会做两件事：一是增加销量，提高市场占有率；二是降低成本，并努力提高产品质量。这种基本盈利思路就是量本利。量本利分析法，就是通过分析产品数量、生产成本、销售利润这三者之间的关系，研究出企业以最低的成本生产出最多的产品，从而获取最大利润的经营方案。量本利的核心是通过扩大销量降低单位产品的固定费用，从而降低成本取得利润。这也就是我们常讲的薄利多销，在当时是一种可行的做法。

但在过剩经济时代，供大于需，问题的关键不再是量，价格对量失去弹性作用。量本利失效，价格成为对利润影响最大的因素。举个例子，如果汽车市场上的总需求是10万辆汽车，企业生产并售卖10万辆汽车会盈利，但生产20万辆汽车就会有10万辆积压在仓库，这不仅没有降低单位固定成本，反而占用了流动资金。

做企业既要关注销量又要关注价格，两者有一定的矛盾。在过剩阶段，当价格和销量不可兼得时，应该怎么办？中国建材创造性地提出了一种全新的盈利模式——价本利，即维持价格，降低成本，获得利润，实行的是"稳价、保量、降本"的策略。最理想的状态是量价平稳，做到价稳且份额不丢，量稳且价格不跌。当两者不可兼得时，我们思考问题的出发点是确保合理的利润，找到价格和销量之间的最佳平衡点，把保价放在第一位。

稻盛和夫说定价即经营，定价就是定生死。赫尔曼·西蒙写过一本《定价制胜》。他认为，企业在价格上要有主动权，不能被动，如果失去了价格主动权，就变成了在汪洋大海里漂浮的一条船。一个产品如果减量 20%，企业利润会下降 15%，而如果降价 5%，利润可能下降 60%，所以做企业不能简单地降价。

我认为价格是经营者要亲手抓的，不能把价格完全放权给销售员。我以前在北新建材做了 10 年销售工作，对销售员十分了解。那时，管生产的一味追求超产，管销售的则要保证不能压库，销售员为提高业绩采用的办法是降价和赊销，而这两个办法恰恰是企业的死穴。价格越低，企业越没利润，一旦企业报表上没利润了，银行就不再给企业贷款，企业离倒闭就不远了。赊销会导致大量收入变成应收账款，时间一长，欠钱的人破产了，就变成了坏账，这是做企业要注意避免的。

一切不好的行规和商业模式其实都是可以改变的，经营者不能凡事都听销售员的，如果经营者自身没有定力，对市场和客户不了解，那最后一定是价格降得一塌糊涂、应收账款高企，最终企业被拖垮。因此，经营者应该特别关注价格和应收账款这两个指标：树立好行规、保护好价格，不随意赊销，要做好价本利。

从竞争到竞合

提到市场竞争，很多人认为竞争遵循的就是"你死我活"的丛林法则。但事实上，竞争分为两种：一种是理智的好竞争，指的是在理性范围内的有序竞争，能够实现生产效率、产品质量、创新能力等方面的提升，推动企业效益和消费者福利的增长，服务于经济转型大局；另一种是比勇斗狠的坏竞争，指的是无序的、低价的、盲目的恶性竞争。这种竞争短期内会带来价格的大幅下滑，消费者貌似可以从中受益，但从长期来看会导致假冒伪劣产品泛滥，扰乱市场秩序，破坏行业发展生态环境，最终损害消费者的利益。

西方早期崇尚极端的市场竞争，曾发生过大规模倒闭潮和企业家跳楼的惨剧。但经历了若干次大规模兼并重组后，绝大多数产业的集中度都很高，市场也变成了大企业之间的良性竞争舞台，既保证了竞争的理性化，也保证了投资者、员工和客户的利益平衡。中国已经进入后工业时代，建材、钢铁、煤炭等基础原材料产业严重过剩。对于这些高度依赖土地、矿石等资源要素的行业，如果重复西方早期那种恶性竞争、杀价、倒闭的老路，必然会产生资源浪费、环境污染等一系列社会问题，整个社会将为之付出极其惨重的代价。

市场竞争不是零和博弈。竞争者不仅是竞争对手，更应是竞合伙伴，它们的共同利益应大过分歧。改变竞争者的思维模式，从竞争到竞合，是过剩行业必须完成的跨越。如果说市场竞争是对低效的校正，那么市场竞合就是对过度竞争的校正。行业应该在哪些方面竞争？在哪些方面合作？竞争，在于生产效率、产品质量、创新能力、节能减排等方面，大家对标优化，学习先进，比学赶帮超，共同提高；合作，在于大家共同遵守国家法律法规，共同遵循市场规则，尊重彼此的核心利益。合作中有竞争，竞争中有合作，这样才能推动市场经济健康发展。

爱尔兰建材公司CRH的CEO（首席执行官）阿尔伯特·满福德参观中国建材时曾讲道，要改变水泥行业的生态，只能依靠大家的自律和竞合。这个自律，就是坚决不能走低价竞争的道路，这种做法无异于杀敌一千，自损八百。这些年来，中国建材开展大规模联合重组，带头推行市场竞合"四化"工作，即发展理性化、竞争有序化、产销平衡化、市场健康化，积极探索节能限产、错峰生产、立体竞合、精细竞合、资本融合等多种竞合模式，维护了行业的稳定健康发展。

现在市场上出现了一种新的竞合模式，就是开展跨企业协同合作。比如，有时企业在某一个辖区销售水泥，如果从产地运到需求地非常远，那就把订单转给竞争者，由运距更近的同行企业生产。也就是说，对生产进行协同，把竞争者都连在了一起。这种竞合的新模式，遵循了行业最低成本经营的原则。

从红海到蓝海

在市场竞争中，我们常遇到这样的情况，企业一方面要用全力降成本，但成本往往边际递减，并不能永远降下去；而另一方面则是维护价格，价格既有供应方和需求方的博弈，也有供应方之间的博弈。在这方面，我们存在两大问题。一是需求方做低价中标，致使供应方无利可赚；二是供应方之间杀价竞争，最后形成一片红海。

要想解决类似这种低价恶性竞争的问题，就要着手改变市场生态。从需求方来讲，要明白质量是有成本的，也要给供应方一个合理的利润空间，这样才会有保质保量的供应商。从供应方来讲，就是要节制供应商之间杀价竞争的冲动。事实上，在行业处于低价、行业价值被大大低估时，供应方往往比较容易就提高价格形成一致意见，而当价格稍有利可图时，往往会有企业受利润的诱惑降价放量，这样很快就破坏了合理的价格平衡。

我们常讲，市场竞争有红海战略和蓝海战略，红海战略是在过剩产业中通过低成本进行竞争的模式，蓝海战略是通过创新另辟蹊径进入无人竞争领域。从红海进入蓝海有两种途径。一是改变竞争思路，使现在的红海变为蓝海。红海里有不少产品市场巨大，值得长期做下去，关键是怎么做。二是开展颠覆性创新，努力创造新的蓝海。当然这并非易事，因为在市场中，一旦发现哪种产品赚钱，大家往往一哄而上，蓝海就迅速变为红海，所以企业要不断寻找蓝海。

不同行业有不同的做法，结果也完全不同。这几年，白酒行业销量下降，但行业的收入和利润却有所增加，这是因为它们走了一条重视品牌和品质的差异化竞争路线。而反观一些存在恶性竞争的行业，在销量下降时，行业收入尤其是利润会大幅下跌，因为这些行业走的是低价竞争路线。进入高质量发展阶段，市场要进一步健康化，企业也要理性竞争，实现企业之间、企业与客户之间的合作共赢。

实现共生共赢

孔子"达己达人"和"过犹不及"的中庸之道可以指导我们处理好与市场中竞争者的关系。虽然竞争是客观的，但企业不能进行恶性竞争，行业是个共生系统，不是一花独放，而是要万花盛开。因此，在竞争中，不光要考虑自己的发展，也要照顾到别人的生存，还要维护整个行业的利益，我觉得在过剩时代，这是企业生存的大智慧。

我一直都倡导行业利益高于企业利益，企业利益蕴藏于行业利益之中，"覆巢之下，焉有完卵"，一个行业不应该打恶仗。中国建材一直在带头做好行业的生态建设工作，这就好比是撑起了一把大伞，致力于提高整个行业的价值，伞下的其他企业也因此受益。

不仅是在水泥领域，在航空领域和汽车领域也是如此。过去很多航空公司遇到市场竞争就互相杀价甚至免费送票，以此增加上座率。但现在的一些航空公司组成星空联盟，当乘客较少时，就将几架航班的乘客合到一架上，为的是节省航油和成本。我之前去一家汽车公司调研，它的机器人焊接生产线上，不光生产自己的汽车，还在为其他一些车企做车体加工。同行的专家认为这样生产就等于支持竞争者，但厂方却认为制造业都是同质化的，这样合作反而可以降低双方的成本。很多新兴的车企，其实不需要生产线，只需要单独的设计和款式，而生产的过程就可以由这些制造厂家去做。

今天，在过剩行业中，重要的不是哪个企业能做好，而是如何把行业系统做好，产业链、供应链、价值链上的企业要共同维护行业的健康，让大家都有效益，实现共生共赢。

15

风险与危机处理
要损失最小化

用制度来「治未病」

决策正确是规避风险的重要基础

风险要可控、可承担

企业一定要稳健经营

对企业来说，风险是客观的，如影随形。做企业是在发展和风险的两难中进行选择。如果只顾发展而忽视风险，那企业可能轰然倒下；如果只考虑风险而不顾发展，那企业可能止步不前，在竞争中被淘汰。做企业要用制度来防范风险，决策正确是规避风险的重要基础，风险出现之后要确保它可控、可承担，处理原则就是将损失降至最低。做企业，任何时候都要想着增强韧性，稳健经营。

用制度来"治未病"

企业家做企业，企业在规模较小的时候可以说是个人的，当企业做大之后实际上就属于社会了。企业不管大小，倒掉了都会影响社会，无法独善其身。所以，做企业一定要防范各种风险，这也是企业家应有的担当、责任和情怀。

任何风险的防范和应对都离不开大家的责任心，除了责任心，最基础的工作是要把防范风险的制度建设好，用制度来发现风险、防范风险、化解风险，将风险预设在安全可控的范围之内。在企业管理中，制度是底线，其上才是管理的艺术。对大企业来说，企业里的每个人都要遵守企业的规章制度。任何一个大企业如果在制度建设上出了问题，各种风险与危机就会随之而来。

中医里有句老话"上医治未病，中医治欲病，下医治已病"。说的是，最厉害的医生不是擅长治病的人，而是能预防疾病发生的人。在企业里，这个"治未病"的良药就是制度。企业要靠规范的制度约束行为，制度是应对风险最好的"防火墙"和"灭火器"。

企业规模大了，层级多了，风险有时会防不胜防，尤其是在宏观经济下行时，企业的潜在风险会显性化，风险相互交织、集中暴露，一旦形成系统性风险，就会危及企业生存。在经济下行时，能做到严控风险和远离危机就是一种成功，所以要用好制度、处理好关键点。就像每次坐飞机时空乘人员都会事先讲解安全常识。企业也是这样，一定要绷紧风险这根弦，所有人都要自觉接受管控。

对风险的管控，分解落实到企业经营的全过程中，就是要把战略规划、项目发展、日常工作与风险管理结合起来，构建好整体的风险管控体系。企业里要有强大的内审机构，定时定点进行审计，自我规范，自我审视。在企业里，一般审计部门是董事长直接分管，这也可见审计的重要性。现在国资央企都要求设立首席合规官，就是想确保企业在各个层面都是合法合规经营。这些都是企业风险防范的一种积极措施。

企业重大事项要集体决策，因此企业内部应有制衡制度，防止决策上的风险。越来越多的企业实践表明，良好的企业制度是把个人影响力降至最低的制度，优秀的企业在企业领导离开后仍能依靠制度健康成长。

决策正确是规避风险的重要基础

企业的快速发展有赖于正确的投资活动，所以投资决策正确与否，对企业而言非常重要。企业都是从整体利益出发，加强投资管理，提高投资决策的科学化水平，以优化资源配置和实现经济效益最大化为原则，合理选择投资项目。如果投资管理不严，决策过于草率，天女散花似的乱投资，超出投资能力范围，一次失败就可能把企业拖垮。因此，在如何花好投资这笔钱上，一定要预防投资失控，防止盲目地多元化扩张。企业最容易犯的错误，就是投资时花钱如流水，倒下去"三桶水"，而在管理成本上却强调"干毛巾也要拧出三滴水"。所以，企业要把控制投资的"三桶水"和控制生产经营成本的"三滴水"结合起来，投资时一定要精打细算。

在中国建材集团大规模联合重组的过程中，我总是提示部下要见人见物，要求一定要进行现场调研，对被重组对象要进行深入了解。后来我到国药集团，也把见人见物的决策原则带了过去，大型项目、重要合资和收购项目，我都要和外部董事一起深入企业做实地调研，对项目进行充分评估。刚到国药集团第一年，我几乎把重要的板块企业都走了一遍。通过对各种材料进行研读，再加上现场的直接观察和感受，以及决策讨论中的头脑风暴，我们才能做出正确的判断。应该说，两家企业的投资失误很少，与见人见物、把控风险的方法关系密切。

做企业有两乱要特别关注：一是行权乱，形不成核心，大家不知听谁的；二是投资乱，层层都在投资，子子孙孙无穷匮也。这两乱是大乱，企业要尤为防止。在中国建材集团，决策项下、资本项下的重大决策权都在集团公司总部，所属公司只有投资建议权，而没有投资决策权。如果所属公司的管理者认为自己擅长做投资，那我们欢迎他到集团总部工作，但留在子企业就只能扎扎实实做经营。我们对这方面的要求向来非常严格，实际上，企业既需要在集团的决策高手，也需要在利润平台的市场能手，还需要在成本平台上的成本杀手。

风险要可控、可承担

但丁的《神曲》序言里有一句话："我们看那犁地的农民，

死神一直在跟着他。"企业也是这样，在发展的过程中，死神一直尾随其后，这个死神就是风险。企业的每一个决策、每一场博弈都会有风险，风险会紧跟企业的脚步，零风险的情况从来都不存在。正因为风险无处不在、无时不在，企业要特别重视风险管理。

企业的风险与利润是把"双刃剑"，要把利润当作平抑风险的边际效益。企业海外招股说明书的很大篇幅是用来披露风险的。如果一个企业连自己的风险都说不清，或者干脆说"我的企业没有风险"，那没人敢买你的股票；对风险的认识越深刻，披露的风险越全面，越可能得到成熟投资者的信任。

任何投资和经营行为都是一场风险管理。最高超的经营艺术，就是把风险降到最小，即使有风险也要可控、可承担。"风险要可控、可承担"是我一直坚持的经营原则之一。我们要防范四大风险，周期性风险、经营决策风险、资金链风险，还有大企业病风险。有风险是正常的，关键是要知道风险可能发生在哪儿，企业的承受力有多大，有没有防火墙和关键时刻能切断风险的机制。

2008年金融危机发生后，一家投行把欧洲一家水泥巨头的资料翻译成中文放到我的办公桌上，希望中国建材集团收购它。当时只要拿出20亿美元，我们就能成为这家企业的控股股东。我将几本厚厚的资料抱回家研究，一开始很兴奋，如果成功收购，中国建材集团就能够一步成为大型跨国公司。但后来有一个问题让我冷静了下来，那就是风险。这家企业在全球有400家子公司，以我们当时的管控能力实在难以驾驭，硬吃下去只会拖垮整个集团。快天亮时我做出决定，放弃收购。

风险大了就变成危机，面对危机一定要去认真解决，解决的原则就是一定要抓早抓小，及时止损，把损失降到最低，还要快速切割风险点，不能因为一个点而影响全局，更不能等到小危机酝酿成大危机再去解决，那往往为时已晚。那些暴雷的企业都给了我们深刻的教训。小企业经营不下去，不能全部指望大企业来重组，因为大企业重组也有其遵循的原则；大企业经营不下去，也千万不能有大而不倒的思想，因为现实中也有很多大企业最后并没有人能来救。所以，企业出了问题，首先就是要想办法自救。

危机来了之后，除了要想办法解决危机、减少损失，还要学会化危为机，在变局中开新局，改变现状，实现逆风翻盘，这点也尤为重要。历史上，每次大的危机总是会带来经济结构的调整，也总会有一些企业闯过危机，再造卓越。

全球新冠肺炎疫情给每个企业和企业家都上了一课，其间有很多企业实现了质的跨越。不少线下实体企业开拓了线上业务，比如北京很多饭馆当时面临顾客无法出门、自己开不了业的情况和困境，那怎么办呢？就是线上做外卖，结果效果非常好。教育、办公、会议等都实现了在线化，这也催生了很多科技公司。此外，物流体系也更规范化了。

企业一定要稳健经营

过去每次遇到大的危机，一些企业很快就倒下了，而有一些企业却活了下来，而且经历了磨难的企业往往后面发展得更好。其实，今天任何一家好企业，历史上没有未遇到困难和危机的。

记得我在北新建材工作时，石膏板一度在市场上十分紧俏。与此同时，石膏板的市场竞争非常激烈，很多知名的跨国公司纷纷来国内建厂，生产线迅速投产，和北新建材的龙牌石膏板展开了激烈竞争。几个月的时间，石膏板价格就下降了50%。由于压价竞争，加上跨国公司的运营成本高过我们不少，时间拖得一久，这些企业渐渐撑不住了。而我们的产品却因为质量有保证，反而越卖越多，价格也企稳了，最后我们成了竞争的胜利者。市场虽然无情，但它也是很公平的，做得好就能成为佼佼者，做得不好就会被淘汰出局，这是很自然的事情。企业就是在各种各样的市场竞争中变得更有韧劲的。

现在，中国的经济面临着需求收缩、供给冲击、预期减弱的三重压力，环境也有很大的不确定性，很多事情都不可能回到以前了。对企业来讲，过去机会多，赚钱也多，企业有一些失误也没关系。但现在没有那么多的机会了，钱也不像过去那么好赚了。对今天的企业而言，要把追求稳健的理念放在第一位，做到稳健经营，企业不能犯错或者尽量少犯错，每一步都要稳扎稳打，步步为营。

怎么判断企业是不是在稳健经营呢？我们要经常问自己几个问题。第一，业务选择是否很精准？如果业务方向错误，或是该走专业化路线的时候，选择了多元化，没有核心业务，这些都是致命的。第二，企业的管理是不是很精细？第三，客户是不是很稳定？第四，经营活动现金流是不是很充沛？第五，是否足够重视风险与危机？第六，是否对周期有足够的研究？如果这些回答都是肯定的，那就代表做到了稳健。

　　我们以前经常用诸如"跨越式成长"之类的词来称赞企业的发展速度，今天看来，企业还是有韧性、能稳健成长更好。没有韧性、不稳健就容易跌倒，跌倒后也不知道还能不能爬起来。所以，企业首先要确保有韧性，要稳如磐石，之后再在稳健中求进步。

第四篇 管理

管理是正确地做事，主要是提高企业效率。管理要靠一些工法，"三精管理"是我近年来在企业里推行的一套系统性工法。企业发展要时时提防大企业病，要不停地"剪枝"，瘦身健体。企业的质量管理要贯标，关键是建立起一套管理标准体系。企业的管理者还要精准找到本企业快速发展的要素，构建完整飞轮，实现正向循环。做企业的一个重要原则是现金为王，追求有利润的收入，有现金流的利润。企业要建立"创新＋资本＋管理＋市场"的综合发展优势，打造自主品牌，为建设品牌强国贡献力量。

16

管理是
正确地做事

管理要靠工法

八大工法让企业管理深入人心

六星企业是好企业的标准

三精管理是个开放的平台

管理是正确地做事，是处理好人、机、物、料的关系，是眼睛向内，主要目的是提高效率。管理要有一些工法，从最早在北新建材坚持开展整理整顿、质量贯标、品牌建设到后来在中国建材开展五化管理、三五整合、八大工法、六星企业、格子化管控等，多年来我一直反复实践和摸索。"三精管理"是我近年来在企业里推行的一套系统性工法，主要是解决组织精健化、管理精细化、经营精益化的问题。

管理要靠工法

管理是企业的永恒主题。市场竞争再激烈，关键看产品是不是做得好，产品做得好就不怕。做企业其实就这几件事：一是先把产品造出来；二是能够量产；三是要把质量搞好，保证合格率；四是把成本降下来；五是把产品卖出去。在这一系列的工作中，其实管理都是基础。

做企业是一门实践性很强的工作。学习管理理论固然重要，但更重要的是管理要有方法。"工法"就是把管理方法格式化之后再进行推广的一种方法。我们把企业优秀的管理经验提炼成简单易行的工法，让大家对这些活动和方法耳熟能详，从管理方法的复制中取得成效，在管理过程中找到成就感，这样管理才能持之以恒。

在我国企业管理历史上，也有几种重要的管理上的方法论：一是当年"鞍钢宪法"讲的"两参一改三结合"，二是大庆的"三老四严"和"四个一样"，三是邯钢内部的"模拟市场核算"制度。这些都对我国企业管理产生了深刻影响。

从北新建材到中国建材集团，我一直都把管理工法看得非常重要。改革开放后，中国企业大量引进国外先进的管理经验，20世纪90年代国家经济贸易委员会曾在全国推广"管理十八法"，有一些企业将这些工法坚持了下来，最终有了成效，比如我原来做厂长的北新建材。这些管理工法的应用普及，让北新建材变成了一家现代化工厂。2002年，我到中国建材集团出任一把手，也把这些管理思路在集团企业进行了实践和总结。

中国建材集团是一个以实业为主体的产业投资集团，管理着上千家企业，要想出效率、效益，不断开展管理学习和管理实践活动是十分必要的。最早，我在北新建材带领大家开展了整理整顿，从做好企业的环境卫生开始，后来又抓质量管理，做国际认证，用心打造产品品牌；到后来，我在中国建材又开展了五化管理、三五整合、八大工法、六星企业、格子化管控、三精管理等活动，并且把这些活动都固化了下来，在集团各个企业开展实践，以此来提升集团各层级企业的管理水平。

八大工法让企业管理深入人心

如何让中国建材集团旗下的公司清楚地知道集团的发展战略和文化，充分发挥资源的集聚效应？我一直在思考一个问题：能不能从中国建材的管理思路中提炼出简单易行的工法，以便于一线管理者和工人掌握和采用？提炼出的工法应该读起来朗朗上口，用起来以一当十，这样的管理才能真正深入人心。结合企业实践，我提出了包括五集中、KPI（关键绩效指标）管理、零库存、辅导员制、对标优化、价本利、核心利润区和市场竞合在内的"八大工法"。

其中零库存是向精益生产要效益，"精"要求投入的生产要素少而精、不浪费，在适当的时间生产必要数量的产品；"益"则要求所有经营活动都具有经济效益。早在20世纪六七十年代，丰田汽车就全面实行了零库存管理，做到按需生产、适时生产，通过生产过程整体优化，改进技术，理顺物流，杜绝超量生产，消除无效劳动与浪费，有效利用资源，降低成本，改善质量，达到用最少的投入实现最大产出的目的。

辅导员制是通过选派辅导员来帮扶能力较弱的企业，把优秀的企业文化和先进的管理理念复制过去，使企业实现文化与管理的融合，进入良性发展轨道。中国建材当初重组了众多企业，各个企业的管理水平与经营水平参差不齐，辅导员制在管理整合中发挥了很大作用，很多原本落后的重组企业都被点石成金，不仅很好地融入了集团大家庭，而且很快显现出较好的经济效益。

与传统的企业管理方式不同，中国建材的八大工法既包括了内部管理体系，也包括了外部市场建设的管理体系，既要做工厂也要做市场，实现了内控成本与外抓市场的完美结合。八大工法在企业管理实践中不断充实、完善，以简驭繁、朴素实用，具有较强的实用性、可操作性与可推广性，极大地提升了整体管理水平，成为企业赖以生存和制胜的法宝。

六星企业是好企业的标准

做企业应该有个标准，不然就分不清楚什么企业好、什么企业差。这也是我常思考的一件事。想来想去，我将好企业的判断标准归纳为"六星"，即业绩良好、管理精细、环保一流、品牌知名、先进简约、安全稳定。

先进简约是优秀企业的共同追求。俗话说，"好钢要用在刀刃上"。建工厂时，在工艺、设备等经营性设施上要舍得花钱，不能凑合，而在非经营性设施上要少花钱，尽量做到简单。早些年，我去欧洲参观工厂时，看到罗尔斯-罗伊斯这样有名的企业用的是老旧厂房，工厂里的办公室也极其简单，但它却生产着全球一流的产品。我倡导企业的装备要先进，像办公楼可以尽量简朴些，整整洁洁就可以了，我反对企业领导在办公楼里放大鱼缸之类的东西。

其实，工厂应该回归生产经营这些最基本的活动，而不去做那些华而不实的表面文章，更不能乱花股东的钱。海天味业这家公司从一开始购买的设备就都是德国制造的，但是直到上了市，公司才买了一辆奔驰车作为公用车，而且它的办公楼也很简单。当问到企业为什么做得好时，该公司董事长说就是六个字：务实、专业、规范。

安全稳定是企业的底线。安全没有一劳永逸的办法，只能是从日常管理入手，一点一点地抓。生产安全的关键在于不能发生重大责任事故，这一点既反映出企业管理人员的水平，也反映出员工的工作水平和管理制度是否健全。万华化学在企业发展中坚持安全优先原则，重视安全管理，秉持"安全是所有工作的前提""所有的事故都是可以预防的"等安全理念。

稳定就是企业不能发生群体性事件。企业要积极主动化解内部矛盾，避免积累大的矛盾。发生问题时不能激化和扩大矛盾，企业领导要靠前指挥，不推诿，不回避，关键是要关心员工，处事温和、公平。在处理利益时，企业领导要能先人后己，还能一碗水端平、一视同仁。

"六星企业"不仅是一套评价标准，更是一套管理方法，每个标准都有相应的建设内容和自查绩效指标，激励大家通过逐项指标自查，不断提升管理水平。做企业一定要有标准，让大家知道目标，再找到一些方法，持之以恒，管理就不难了。

三精管理是个开放的平台

三精管理是我多年企业实践和思考的总结，最初源于我对企业的观察，近几年我调研过上百家上市公司，也做了不少研究，于是把相关研究案例也融入了其中。现在三精管理的内容有了更大的实践面和视野面，这也是我在认识上的一种螺旋式上升。三精管理涵盖了组织、管理、经营的内容，核心内容可以概括为组织精健化、管理精细化、经营精益化。我也把三精管理延展成三精十二化四十八法，形成了一套比较完整的管理工法。

组织精健化，就是讲企业在自发成长过程往往存在一定的盲目性，正如果树要剪掉疯长的树枝才能多结果实，企业在整个发展过程中也要不停地"剪枝"，以确保企业的经济效益和稳健成长。

管理精细化，"精"者质量，"细"者成本，降低成本、提高质量，这是企业的两个基本点。无论企业的科技含量有多高，商业模式有多新，如果产品质量做不好、成本降不下来，最后也不一定能做好。企业里的精细管理需要日复一日地做，不能懈怠。尤其是在企业快速发展、外界大环境好的时候，管理方面的问题以及与其他企业的实际差距很容易被掩盖，这个时候，我们更要增强忧患意识，力争把各项管理工作做到位、做到实处。当经济形势不景气的时候，那些未雨绸缪、管理做得好的企业，往往会非常有韧劲。

经营精益化，指的是即使组织精健了、管理精细了，如果经营不得法，企业仍然有可能赚不到钱。企业负责人要有"从管理到经营"的理念，深入工厂与市场，聚焦一线，做好选择，提高各种效益指标。

企业管理追求的是先进思想的系统推进和因地制宜的深入实践，任何企业都要找到符合自身模式的管理体系。三精管理是针对中国建材变强变优、迈入高质量发展阶段提出的管理理念，组织精健化解决组织竞争力的问题，管理精细化解决成本竞争力的问题，经营精益化解决可持续盈利能力的问题，三者结合起来，有利于增强企业综合竞争优势。

三精管理是一套企业界人士看得懂、学得会、记得住、好应用的有实践基础的企业管理工法。这套方法具有良好的延展性，不仅适用于产能过剩的传统制造业重组企业，也在一定程度上适用于大多数经营性企业。三精管理是个开放的平台，可以动态调整。不是每个企业都要按中国建材的具体做法去做，企业只要在管理过程中秉持"三精管理"理念，根据自己的需要和特点，持之以恒、扎实稳妥地落实，就能助力企业提升经营管理水平，实现新的跨越和发展。

17

组织要
不停地"剪枝"

企业衰落有迹可循

时时提防大企业病

控制规模，不断剪枝

「分家」分出新活力

做企业，都希望做出一家基业长青的大企业，但其实做好企业要有超越规模的眼光与胸怀，重在活出质量。一般而言，一些企业慢慢走向衰落，不是突然的，而是有迹可循，我们要时时提防大企业病，给企业组织"剪枝"，瘦身健体，将其做成一家健康有活力还有合理效益的好企业。

企业衰落有迹可循

　　管理大师吉姆·柯林斯有三部管理经典:《基业长青》讲的是如何打造百年老店;《从优秀到卓越》讲的是如何从平庸企业发展成卓越企业;《再造卓越》是一部研究失败的书，讲的是大企业为什么会倒下，为什么有的企业倒下了就销声匿迹，而有的企业却能东山再起、再度辉煌。尽管书中讲述的是企业失败的"黑暗史"，但柯林斯告诉我们，失败有规律可循，及早有效应对问题，仍能扭转乾坤，再造卓越。

企业衰落一般有五个阶段：一是狂妄自大；二是盲目扩张；三是漠视危机；四是寻求救命稻草；五是被人遗忘或濒临死亡。这五个阶段不一定依次出现，有可能跳过其中某一阶段，同时衰落周期也不同，有的公司走完五个阶段耗时 30 年，有的仅用了 5 年。

企业要想避免衰落、再造卓越，一是规模做大以后要有忧患意识，不能沾沾自喜，妄自尊大，被暂时的胜利冲昏头脑；二是在扩张时要突出主业，有所取舍，不做与企业战略和自身能力不匹配的业务；三是出现危机时，不能掉以轻心，要全力应对，防止风险点和出血点扩大；四是解决问题时，不能有"病急乱投医"的侥幸心理，要对症下药，解决问题，千万不能盲目补救，因为那样可能捅的窟窿更大，企业损失也更大。

2018 年我去拜访任正非的时候，他给我推荐了《下一个倒下的会不会是华为》这本书。为什么在华为做得如日中天的时候，他会保持这种忧患意识？我觉得是他洞察了企业的规律，企业没有大而不倒的道理，企业要做大，但更重要的是做强和做优。

世界上没有强者恒强的道理，即便是最好的企业也有可能倒下，所以做企业要保持清醒认识，尽早察觉问题，找到避免衰落的自救药和工具箱，避免重蹈失败的覆辙。爬一座高山可能需要 10 天，掉下来却只需要 10 秒。这是给所有企业的醒世恒言。

时时提防大企业病

大企业病是企业发展中绕不过的坎。我把大企业病的特征概括为"机构臃肿、人浮于事、效率低下、士气低沉、投资混乱、管理失控"六种，大企业或兼而有之或全部都有。企业一旦得了大企业病，就会像帕金森定律描述的那样，层级不断增多，人员不断膨胀，运作程序越来越复杂，组织效率越来越低，员工越来越没进取心。大企业病正是许多企业轰然倒下的内因。

记得在2012中国经济年度人物颁奖典礼上，嘉里集团董事长郭鹤年老先生曾给了年轻创业者4个忠告：一是专注；二是有耐心；三是有了成绩后要格外当心，成功也是失败之母；四是有了财富要回馈社会，而且越多越好。对于第三点我印象尤为深刻，因为过去我们常讲"失败是成功之母"，却鲜少说"成功是失败之母"。但确实如郭老所言，企业获得成功后容易犯错误，一不小心，就会陷入危险的境地。

古人讲"生于忧患，死于安乐"，虽说企业的快速发展带来了规模经济、协同效应、影响力等，但随着规模的扩大、层级与人员的增加，企业的管理难度也会骤然增加，企业很容易患上大企业病。这几年央企不断进行瘦身健体，企业的层级压缩了，企业户数减少了，资产负债率也下降了，企业的运行质量也更健康了。

　　企业的成长是有周期的，总会经历由小到大的过程，长到一定阶段就会成熟，成熟是件好事，但成熟之后，却很容易衰老、得病。企业必须始终保持清醒的认识，时时提防大企业病。是病就得对症治疗，或者提前预防。机构臃肿就要瘦身健体，保持组织的灵活性。人浮于事、效率低下与士气低沉，这都关乎员工的心理状态与工作热情，企业如果密切关注员工的发展成长，营造良好的企业文化氛围，这些问题都能解决。而针对这六个问题里的投资混乱与管理混乱，就需要一些制度和方法来应对。

　　投资乱与行权乱，是企业里的两大隐患。为了解决投资乱的问题，集团总部与各级企业都要设置投资额度权限，例如固定资产投资与股权投资的额度，对新进入的行业项目也要格外谨慎小心。行权乱，得靠公司治理结构来解决，而管理混乱得靠一些有效的工法。针对这些大企业病，企业都要提前找出对应的措施与解决方法。

控制规模，不断剪枝

　　过去我们一直崇拜大型企业，也坚信企业的规模效益，在20世纪90年代初期，如果有机会到《财富》世界500强的企业去学习调研，是很高兴的事情。但是现在，我国已成为《财富》世界500强企业最多的国家，一些学者、专家希望企业不要再过多地关注规模，因为我们有规模的企业已经足够多，我们要多关注企业的质量。

企业和生物一样，都不会一直线性增长。一只蚂蚁可以驮起多只蚂蚁，一个人只能背起一个人，而一匹马很难驮起一匹马，这都是规模的代价。企业越大，管理成本越高，风险越多，一旦倒下对社会的危害也会越大，就像多米诺骨牌那样，一家企业倒下可能会影响一连串的企业。所以，企业不见得越大越好，应该是质量越高越好。有时候根据情况做小而美的企业，也是一种明智的选择。把这种小而美的企业，在自己的产业赛道里做到极致，做成所在领域的第一名，也发展到所在产业的天花板时，再去谋求更大的赛道与方向，可能更合理。

一方面，我们要让企业长大；另一方面，在企业成长的过程中，我们要给企业"剪枝"，就像给果树剪枝一样。剪枝可以减少对养分的浪费，让果树多结果实，但果实也不能太多，要适当打掉一些，防止果树被累死。我以前插队时做过农业技术员，学过给果树剪枝，天下万物，原理是一样的，企业既不能疯长，也不能被累死。

做企业，经营效益上要做加法，组织规模上要做减法。机构精简、人员精干、效率优先，减层级、减机构、减冗员，这是企业管理者应该有的工作原则。中小企业的层级通常不要超过三层，即使像一些规模大的企业也尽量不要超过五层。大家都知道传话游戏，一句话传到第十个人那里很难保留原来的意思，这是无法控制的。总部的部门与人员也不能太多，同一层级上的机构尽量合并。

企业发展稍不注意就会膨胀起来，这也是很自然的事情，但我们决不能任其膨胀，而是要不断给它剪枝，让它不断瘦身健体，长期坚持，使之成为一种工作原则。

"分家"分出新活力

今天大多数大企业是通过重组合并发展起来的。合并不光做大了规模，也减少了恶性竞争，但合并起来的企业最初在文化融合和管理效率上往往会遇到问题。以前我读过一本企业分家的书，书中主张企业要想有活力就要无限分家，尽量缩小核算单位。

大企业要能变小，小企业要能做大。就像人生命的延续方式和大家庭的解体过程一样，生命不能通过若干的个体而持久，而是通过一代代繁衍而延续。企业也一样，投资新公司发展新业务是持续发展的方法，而老公司和老业务该退出时就要退出，这就叫吐故纳新。如果谁都不退出，一大堆僵尸企业，市场怎么会好起来呢？

中国建材集团是一家一路重组合并成长起来的公司。我们把合和分进行有机处理，在一体化管控的基础上，把所属企业按业务领域分置于不同的专业化平台上，确保每个子公司都极其专业。从企业纵向延续看也很有特点，比如中国建材集团作为产业投资公司，持有中国建材股份45%的股权，而中国建材股份持有北新建材38%的股权，中国建材集团在北新建材的国有股为17%，这种企业组织使企业保持了活力，北新建材也发展成世界一流的新型建材企业。

中国建材集团是国有资本投资公司，为企业分家提供了好机会，最好的模式是投资公司分别投入不同的专业公司，这些专业公司独立经营，但规模不宜过大，过大就会增加成本和丧失市场活力。其实央企大多数是进行了企业分家的，像中国建筑就有八个局，每个局都是独立的竞争体，在这方面我曾和中国建筑的领导讨论过分家后的协同问题，他却认为正是因为分灶吃饭，甚至不惜付出内部竞争的代价，中国建筑的二级企业才获得了竞争力和快速发展。总之，历史已经证明，吃大锅饭大家是没有积极性的。

18

质量管理
要贯标

质量上上，价格中上
全员全过程的质量管理
建立一套管理标准体系
构造五优飞轮效应

质量是有成本的，做企业一定要做到质量上上、价格中上、服务至上。质量管理重在全员、全过程的参与，还要在企业里面建立起一套管理标准体系，每个人都贯彻好系统的质量标准。五优飞轮，即优技、优质、优服、优价、优利，是企业不断向前发展的不竭动力，精准找到并构建起本企业发展的飞轮非常重要。

质量上上，价格中上

　　20世纪80年代，我去美国出差时在超市发现，中国制造的产品都放在地上的筐里，上不了货架；现在再去看，货架上琳琅满目不少是中国制造，这是我国企业40多年在质量控制和质量管理上不懈努力的结果。

企业要盈利，产品就要有合理的价格。成本是刚性的，而且是边际递减的，企业不可能一直降低成本，到了一定程度再降低成本一定是以质量为代价的。在物美价廉难两全的情况下，企业应该遵循"质量上上、价格中上、服务至上"的十二字原则。

质量是有成本的，我主张在质量上要有过剩成本，把产品做得更好些，即"质量上上"，这样做虽然会多承担一些成本，但能逐渐获得客户的信赖，拥有一定的市场，赢得长远利益。质量和信誉是我们永远的追求，这并不是一句空空的口号，而是一个永远的经营准则。

1993年，我做了北新建材的厂长，当厂长没多久就罚了自己一个月的工资。为什么呢？因为北新建材生产的一种岩棉吸声板出口到韩国，韩国人打开之后发现，其中一片板上有一个脚印，他们提出必须退货。北新建材的干部觉得韩国人是在小题大做，一集装箱的产品，只有一片岩棉板上有一个脚印，为什么要退货，认为韩国人是在找麻烦。但是，我认为这是一次给大家做质量教育的机会。我就在会上提出，这是一件大事，这一个脚印不是踩在产品上，而是踩在北新建材的金字招牌上，踩在了经营者的心上，于是提议从我本人开始罚款，往下逐级罚。我当时的工资是一个月500元，全部被罚掉了。我回去告诉我的爱人："我这个月的工资没有了。"爱人问："为什么没有了呢？"我说："因为一个脚印。"

本着小题大做抓质量的严谨态度，北新建材硬是把产品合格率提升到近乎百分之百。今天，北新建材的产品能做到全球第一，就是从重视那个脚印开始的。如果我们今天认为它只是一笔小买卖就小事化了，那么明天就会出现更大的纰漏。万科的创始人王石参观北新建材时感叹："你们是一个用普通生产线创造出一流业绩的企业。"

"价格中上"就是在确保产品质量的前提下，保持产品价格的长期稳定，既不搞价格战，又要给客户适当的实惠，维护客户的长期利益。做到价格中上，我们靠的是千方百计地扩大销售规模，做细分产品，用新增的效益来平衡质量成本。我们不希冀靠产品获得一时的高额利润，获得合适的利润就非常好，行业与产业链上的企业都能有好的效益，我们才能真正好，这种和谐健康的局面才会更长久。

"质量上上、价格中上、服务至上"的原则，在我任职过的每一个企业，都得到了很好的执行，其中有的企业还获评过"全国质量奖"。质量是我40年企业工作中一直关注的事情，中国建材七项业务规模全球第一，质量也处于全球领先水平。做好质量，是最基础的事情。越是最基础的事情，越是要出色地做好，来不得半点虚假。

全员全过程的质量管理

质量的管理控制不是最后通过检验员把废品检出，其实，如果到了这个阶段还检出大量废品，就已经造成巨大浪费。质量的控制应该是从始至终，每个环节都注重管理，不让废品产生，最终出来的都是质量过硬的完美产品。要达到这样的目标，就要进行全员、全过程的管理，这就是TPM（全员生产维护）和TQM［全面质量管理，相比TQC（全面质量管理）更为严格］。

自脚印事件发生之后，北新建材全面开展了"TQC活动"，车间班组都成立了TQC小组。这些管理活动对我们的员工增强质量意识和提升质量管理水平起到了非常积极的作用。企业中任何一个环节、任何一个人的工作质量都会不同程度地直接或间接影响产品质量，因而必须充分调动企业所有人员的积极性和创造性，不断提高人员素质，上自厂长下至工人都关心质量问题，人人做好本职工作，才能生产出用户满意的产品。

全员全过程的参与，最具意义的地方就在于每一个员工都可以提出合理化的建议，为企业的发展贡献自己的价值，而且这种价值可以激发每一个员工强烈的责任心，这也是产品质量的可靠保证。全员全过程的质量管理不是让员工不分主次和不分程序地参与企业活动，而是让承担不同职责的员工参与不同的企业活动，而且不同员工参与企业活动的方式和内容也有所不同。从企业领导者到每一位职工都有相应的质量责任，就像足球队一样，每一名队员都有明确的分工。全员全过程的参与需要有效的沟通渠道，一方面，让员工能将自己的意见或建议及时地向有关领导或管理者反映；另一方面，及时地将处理结果下达，做到上传和下达均畅通无阻。

全员全过程的质量管理需要进行有针对性的培训。首先，通过质量意识教育，提高员工的质量意识，让员工认识到质量无处不在，时时刻刻保持清晰的质量意识。其次，针对不同岗位的员工进行不同的岗位质量教育，让员工牢固树立"下一道工序就是客户"的观念，不接收上一道工序的不合格品。同时，开展质量预先控制活动、自检活动、互检活动、中间性抽查活动、监督活动、质量改进活动等。对在质量工作中成绩突出的员工或团队要给予奖励，激励员工积极参与质量工作。

也正是因为企业上下都认同了这种全员参与、全过程的质量管理的方式，石膏板生产线上以前在生产过程中遇到的一些问题都消失不见了。以前冬天车间里时有裂板出现，半夜会有机器铸机被堵板的情况，后来都一一找到了原因，也都想办法顺利解决了这些生产过程中的难点问题。后来还有很多技术上的创新，也源于我们一线员工在质量管理过程中的责任心与积极性，大家在这种管理活动中倾注了自己的专注力。任何事只怕"认真"二字，只要大家都认真了，我们的产品质量就有了保证，企业效益就会日益提高。

建立一套管理标准体系

质量管理不光是严和宽的问题，还要建立一套管理标准体系。除了 TPM、TQM，企业里还有其他的一些管理标准，如 ISO9000、卓越绩效评价等。引入国际标准可以系统地升级质量管理体系，也可以更全面地把质量工作做好。

我过去在工厂工作那么多年，很多事情是主管部门安排的检查，从而促使企业一步步往前走，而做质量认证管理这件事情，却是自发的行动，也是市场的一种需求。北新建材在20世纪90年代初期聘请了一家法国公司进行质量管理体系认证工作，我是一个做事认真的人，要做的事情、想做成的事情，我一定会做得非常好。质量认证这件事情，是我们非做不可的，因此我提出要做就做最好，严格按照 ISO9000 标准建立国际一流的质量管理体系，接受最为严格的认证。我们后来顺利地通过了认证，成为国内建材领域第一个做这个认证的企业。也正是因为拥有了这个认证，我们的产品在市场上更受大家的信赖与欢迎。

当年日本产品质量不好，美国有幅漫画对其讽刺：几个人撅着屁股推一辆丰田车，旁边写着"日本制造"。后来日本引入美国质量专家戴明的管理思想，采用 TQC 等质量控制方法，全面提高了产品质量，一举占领了美国市场。美国人震惊之余，波多里奇先生推出了卓越绩效管理（PEM），这是当前国际上广泛认同的，兼顾和平衡了相关方利益诉求的组织整合绩效管理体系，也是美国等发达国家衡量企业提高质量管理和绩效水平的重要标准。它主要包括领导、战略、顾客与市场、资源、过程、分析、绩效等七个维度的评价。2004 年，我国企业开始引入这种模式。

北新建材就如同它的名字一样，是常为新的，我们并不是简单的拿来主义，并不是直接导入，而是加上了自己的一些创新点，将 ISO9000 等管理体系要求和 TQC、全面风险管理等持续改进和创新方法相结合，形成了一套高度整合的卓越绩效管理体系。北新建材的"九宫格管理"工法，也是一套创新的整合体系，从做强、做优、做大三个企业质量维度出发，每个维度找到相应的 KPI。也正因为这些年对质量管理工作的持续关注与不懈努力，北新建材入选国资委国有重点企业管理标杆企业，荣获 2021 中国管理模式杰出奖和 2021 年"亚洲质量卓越奖"。

宁德时代是市值过万亿元的动力电池企业，它能做得好，不光是因为技术先进，关键还有一流的管理，它用极限制造的方法，把产品缺陷率控制到一个 PPb，就是十亿分之一，用质量赢得了市场。现在，我国企业比较重视装备的现代化，其实先进的装备、工匠精神和良好的管理缺一不可，只有这三点都具备才能做出卓越的产品。

构造五优飞轮效应

吉姆·柯林斯有本书《飞轮效应》，讲的是工作之间的推动促进会使企业快速运转起来，呈现螺旋式上升的状态。这种飞轮效应，也可以理解为一种增强回路，因增强果，果反过来又增强因，形成闭合回路，一圈一圈循环增强。受柯林斯的启发，我也思考出了企业经营的"五优飞轮效应"。

中国建材的五优经营路线就是"优技、优质、优服、优价、优利"。

优技就是指企业的核心竞争力靠的是技术。中国建材有26家研究设计院，还有国家工程实验室，有3万多名技术研发人员，水泥、玻璃、新型建材等工程技术和成套装备方面都走在了世界同行前列。

优质就是确保产品的质量和可靠性，在材料选用、设备制造、配套厂家、工程安装各方面保证质量，宁可少赚一些钱也要把质量做好，也就是我常讲的做到过剩质量。

优服就是做好售前、售中和售后服务。像我们做的各大成套设备都要保投产，并手把手地教会当地企业技术人员和员工操作；我们也从事企业管理外包服务，并提供远程线上监控和各种备件，无论是发展中国家还是发达国家的企业都很喜欢用中国建材的技术装备。

优价就是合理的价格。我不同意用杀价进行恶性竞争，而是争取一个合理的价格和条件，给客户讲"质量上上、价格中上、服务至上"的道理，用质量、服务、工期来吸引客户。

优利就是用良好的经营挣取合理的利润。因为有了合理的价格，企业才能有优厚的利润，有了优厚的利润又可多投入研发产生优秀的技术，才能吸引和留住一流的技术人才，这样就形成了一个良性循环。

这五优之间的关系其实就可以构建起一个飞轮。优秀的技术会带动产品的质量提升，好的产品质量又会赢得忠诚的客户，良好的客户关系会换来合理的价格，合理的价格又可以带来丰厚的利润，而有利润之后又可以投入研发，能创新出更好的技术，这样，一个完整的飞轮便构造起来了。只要五优飞轮变速转动起来，企业就会良性、快速和持续地成长。

五优飞轮效应其实还挺适合制造业企业的。飞轮于企业而言，就是持续盈利模式，每家企业通过借鉴其他成功企业的飞轮，挖掘出自身的竞争优势，推理出企业竞争要素的正向循环关系，就能建立起本企业快速发展的飞轮，并通过长期持续的坚持，产生"飞轮效应"，从而实现持续增长和稳健经营。

19

做企业
要现金为王

企业要进行全面预算管理
财务杠杆合理化
追求有利润的收入和有现金流的利润
『两金』最小与资金归集

现金是企业的血液，现金的正常流动有利于确保企业的稳定持续经营，支撑企业的健康发展。做企业一定要进行全面预算管理，以便提前做好投资计划。财务杠杆不能过高，要合理化，量力经营，追求有利润的收入、有现金流的利润。企业里的"两金"即库存资金与应收账款要最小，大企业集团的资金能归集使用的就尽量归集使用，提高效率与效益，并始终确保企业有充盈的现金流。

企业要进行全面预算管理

稳健经营是我一向倡导的企业要秉持的作风。企业稳健的基础是财务稳健，而财务稳健的核心是现金流充沛。企业在发展中要重视财务预算，量入为出，有多少钱做多大的事，千万不能"寅吃卯粮",入不敷出。

全面预算管理是一个系统工程,主要包括经营预算、财务预算、业务预算、投资预算、专项预算等。做好全面预算管理,在最开始时就能对企业的现金流有一个整体把握,而且在后面还可以根据现金流去调整企业的投资预算。企业现金流多,投资可以适当多,当发现现金流变少时,投资也可以适当减少。

对企业进行全面预算管理,首先是要有年度预算,一般是在上一年10月底就启动了,要进行业务调研和数据收集,在对外部形势和公司内部资源评判的基础上,形成预算假设。这既要自上而下,也要自下而上,多轮次的双向充分沟通,最终汇总确定。在6月中旬编制6+6预算,在9月中旬编制9+3预算,也就是根据实际的经营情况,对相应预算指标进行调整,主要完成三张预计财务报表的更新,也是提醒要加快完成各种指标。

全面预算管理的落实落地非常重要,它是优化企业资源配置、改善经营效益、加强风险管控、提高运行质量的有效管理工具。企业尤其要重视它对投资决策,对现金流以及现金流走向的影响,要保证企业有充裕的、可支配的、合适比例的现金流。

财务杠杆合理化

企业在发展过程中,一方面要有相对充足的资本金,另一方面也要有适量的债务融资。适当运用财务杠杆，可以减轻股东投入资金的压力，但如果债务融资太多，不仅需要支付大量的财务费用，更重要的是会带来偿债风险。经济形势好，可能风险不明显，但若遇到经济不景气的时候，高财务杠杆企业的生存就会是个问题。

企业在降低融资成本、合理利用财务杠杆的同时，也要重视现金流的管理，按时还本付息，维护企业信用，与金融市场、资本市场形成良性互动。信用是企业生存的基本保障，良好的银企关系无论是对银行还是对企业都至关重要。

我刚当北新建材的厂长时，企业效益不佳，资金周转经常紧张，而且大多数时候不能偿付到期的贷款本息，还需要给银行交滞纳金，当企业购买原料启动生产时，周围的几家银行都拒绝给工厂贷款。我号召员工集资帮企业渡过了难关，企业经营好转后我们按时还款还息，与银行也慢慢建立起了密切的合作关系，取得了它们的信任。后来我给企业定了条规矩，就是银行的贷款利息一分不欠，本金一天不拖，这也成了我经营企业的信条。

我从北新建材上任中新集团一把手时，面临的也是资金困难的情况，债主登门，当时中新集团的办公楼都被法院叠封了。但由于我在北新建材时保持了很好的信用，一些债权银行说："宋志平来中新了，我们的钱终于有人能还了。"也的确如此，我用了差不多一年的时间和银行进行了债务重组，后来中国建材股份在香港上市解决了融资问题，并慢慢发展壮大起来。

现在中国建材是各大银行的优良客户，信用等级也很好。

我们的银行借贷偏好是发放短期贷款，但企业的投资周期一般又比较长，尤其是生产制造型企业，所以在一定程度上也会造成企业短贷长投的情况。短贷长投最考验的是企业的融资能力、资金运作及资金平衡度，稍有不慎就会造成现金流短缺，大大增加资金支付风险。掌握好企业的财务杠杆，控制好企业资产负债率，保证企业的偿付能力都是非常重要的事情。一般情况下，企业资产负债率保持在 40%~60% 是比较合理的，过低就没有很好地利用财务杠杆，过高会增加企业财务费用和偿债风险。

追求有利润的收入和有现金流的利润

2023 年开始，国资委对央企的考核指标由"两利四率"[①]优化为"一利五率"，一利五率具体是指：利润总额、资产负债率、净资产收益率、研发投入强度、全员劳动生产率、营业现金比率。这次是新引入了净资产收益率、营业现金比率。新增的净资产收益率是与国际财务指标接轨，营业现金比率这一新指标，则是强化了现金流的重要地位。

---

① 两利四率，两利即净利润和利润总额，四率指营业收入率、全员劳动生产率、研发投入强度、资产负债率。——编者注

在企业经营方面，企业的资产负债表、利润表和现金流量表都很重要，而现金流量表又是重中之重。资产负债表是用于摸清家底的一张表；利润表是看企业盈利能力强弱的一张表；而现金流量表是看企业能否生存下去的一张表，揭示企业运营是否有风险，风险是大还是小。企业到银行借贷，银行更关注的就是现金流量表。所以，企业一定要关注经营活动现金流，追求有利润的收入、有现金流的利润。

在现金流量表中最重要的是经营活动现金流净额。企业净利润并不等于企业现金流净额。在会计处理上受折旧、摊销、计提等会计政策，以及会计估计、企业拖欠等人为因素的影响，企业利润表中的净利润所表现的盈亏与实现的现金盈亏之间差距较大，报表上实现的净利润不一定能产生相应的现金用于各种支付。一个企业能否维持下去，不取决于它的账面是否盈利，而取决于它有没有现金，现金流动状况更能客观地反映企业的真正实力。这就是"现金为王"，是企业根儿上的事，也是企业领导者和管理者一天到晚都应关心的事。

我在深圳出差期间曾拜访万科，与万科董事长郁亮进行了深入交谈。万科追求的正是"有利润的收入，有现金流的利润"。万科的考核体系关注回款率、全面摊薄的净资产收益率和占用资源回报率三个指标。在回款率方面，以现金流为基础，回款是核心要素之一，回款效率的高低直接反映出公司效益。这些年虽然有些房地产公司的收入规模超过了万科，但万科坚信规模不如能力，利润不如活着，因此企业必须重视现金流的管理，捂紧钱袋子，持续稳健增长，创造真实价值。

"两金"最小与资金归集

要维持好的现金流量，除了有好的产品价格和市场，提前做好资金安排外，控制好"两金"（企业库存资金和应收账款）占用和对资金进行归集使用也非常重要。"两金"不仅占用大量资金，还产生一定的财务费用，同时应收账款还会带来资金风险。在一些企业，利润表看起来还不错，但如果看现金流量表会发现现金入不敷出，一个重要原因就是存在大量库存和应收账款。对资金进行归集使用，主要是发生在较大的企业内。

大量"两金"的形成和市场有一定关系，但主要与企业负责人对于市场把控和企业精细管理不够、企业销售人员的销售理念以及不称职有关。销售人员为了提高自己的业绩水平，一般都喜欢降价或者答应赊销产品给客户。这样的理念与做法应该从根本上杜绝，否则长此以往，企业效益只会越来越差。企业价本利的做法，"一手交钱、一手交货"的零应收账款原则，要贯彻得很彻底才行。

北新建材这些年的应收账款一直压得比较低，资产负债率也只有 20% 左右，是一种良性的经营状态。像海螺水泥这些年一直现金流充沛、资产负债率低，是一家良性经营的典范企业。企业负债率低，财务费用就低，企业就可以轻装上阵，这样有助于提高企业利润。在企业管理中，企业领导人对"两金"占用必须心里有数，而压缩"两金"占用也是企业精细管理的重要内容。

在大企业内进行资金归集，有一些不同的方法。中石油通过设立财务公司、商业银行以及区域结算中心，实现了归集资金、节省财务费用。欧洲的爱立信公司是选定一家银行，在这家银行内建立资金池，所有分支机构只留有一定限额的保障日常生产经营的资金，其余全部上缴，所有资金由集团管理平台统一进行调配。中国建材选择了设立财务公司以及区域结算中心的方式，所属企业能放在财务公司的，全部放在财务公司归集，上市公司中确不能放在财务公司的，可以放在区域内的结算中心，这样做可以降低企业财务成本，创造财务收益。

中国建材集团的财务公司吸引集团内成员企业的资金，并不是使用的行政手段，而是市场化选择的结果，只有财务公司的存款利率高、贷款利率低、放款速度快、综合服务好，成员企业才会愿意选择它。财务公司不仅能为成员企业降本节费，提供便利，还能降低集团总部的外部带息负债，中国建材集团的经营活动产生的现金流也是稳步增长，现金流动负债比率现在在大型建材企业处于优秀水平。

20

打造自主品牌

构建竞争新优势

品牌工作是一把手工程

加大在品牌工作上的投入

打造自主品牌，建设品牌强国

在加快建设制造强国、质量强国等战略目标下，企业应建立起"创新＋资本＋管理＋市场"的综合发展优势，促进企业高质量发展。对企业来说，品牌是重要的无形资产，凝聚了企业经营管理和文化精神的全部。品牌建设不是一日之功，要长期地坚持，品牌工作是一把手工程，企业要加大在品牌上的投入，用自主品牌取得竞争优势。

构建竞争新优势

企业的竞争归根结底是优势的竞争，企业的所有工作都是围绕如何建立企业的优势展开的。过去这些年，我国企业获得了长足的竞争优势。面对形势的变化，现在企业该怎么办？有没有别的办法来构筑新的优势？留恋过去是没有用的，我们必须放眼未来；而要想放眼未来，我们又必须把眼前的事情做好。我国企业要结合具体情况，构建竞争新优势：用持续创新取得技术优势，用综合战略取得竞争优势，用行业细分取得产品优势，用高质量取得价格优势，用"双循环"取得市场优势，用自主品牌取得经营优势。

德国、日本企业发展的模式是"技术＋管理"，它们是慢功夫，把产品做到了极致。美国企业发展采取的是"创新＋资本"模式，讲究的是速度快，颠覆了过去传统的价值实现方式。美国的高科技公司大多是靠资本市场的培育发展壮大的。我国企业基本采用"制造＋市场"的发展模式。我国是制造大国，企业开拓市场的能力强。未来我们要用"创新＋资本＋管理＋市场"的新模式，打造企业的综合优势。

品牌建设是市场工作里的一个重点。过去我们曾经用"市场换资本"，用"市场换技术"，但"市场"到底是什么呢？回过头才来发现，市场就是品牌。双循环新发展格局背景下，一方面，企业要充分利用好国内国际两个市场两种资源，扩大国内市场占有率的同时，在国际市场上当仁不让；另一方面，企业要特别重视品牌建设，系统研究和制定品牌战略，打造更多自主品牌，支持我国有条件的企业通过海外并购成为国际品牌商。

培育自主品牌是企业发展到现在的一个必然。过去我国企业和发达国家企业相比差距较大，经过这么多年合资、代工生产等模式的发展，我国企业管理水平和产品质量不断提高。质量和服务是品牌的基础，有了品牌才有更多的溢价空间。随着中国经济进入高质量发展阶段，不少好的国产品牌快速崛起，品牌竞争力和影响力不断提升。像国内的家用电器、新能源汽车、运动服装、化妆品等行业，涌现出越来越多的知名品牌。

北新建材的石膏板是常用的装修材料，但北新建材很重视品牌建设，成功打造了全球石膏板行业高端自主品牌——龙牌，同时拥有"泰山""梦牌"等多个知名品牌，公司石膏板业务在全国的市场占有率超过60%。这些年，北新建材在做好质量和服务的基础上，不断加大品牌宣传，比如在《参考消息》中缝刊登广告——"央企品质，真材实料"，而且一做就是好多年，这是一个高端广告，影响力也很大。北新建材品牌价值逐年上升，品牌溢价相当可观，成为靠品牌创造市场竞争力的典型案例。

品牌工作是一把手工程

品牌是企业在客户心目中的形象。企业品牌浅层次看是企业产品的标识，但深层次看是企业的精神象征，凝结着企业的思想，是企业的灵魂。企业品牌凝聚了企业经营管理和文化精神的全部。

品牌是企业重要的无形资产。当前时代，各种产品制造、技术迭代都很快，一家企业能做，其他企业很快也能做。未来，很多技术可能会同质化，唯独什么不一样？那就是品牌。汽车的生产线是一样的，但是最后做出来的汽车有着不同的标识。"21世纪的组织只有依靠品牌竞争了，因为除此之外它们一无所有。"德鲁克先生的这句话说得非常好，这里的"它们"是谁呢？那就是企业。企业如果没有品牌就一无所有。

为了研究品牌，我专门去了安踏公司。安踏是20世纪80年代晋江当地的丁家父子3人创办的，最初是给跨国公司代工做鞋，到1994年有了几百万元收入，他们确定了"打造自主品牌，开拓国内市场"的发展思路，创造了安踏这个自主品牌。后来，安踏越做越大，收购了斐乐（中国）等国际品牌。

2019年，安踏用360亿元收购了芬兰的亚玛芬体育公司，持有其58%的股权。经过40年的时间，安踏从代工做鞋转变成一个自主品牌，现在又从自主品牌成为国际品牌商，实现了三级跳。

过去关于到底能不能做好品牌，我们心里也是有些顾虑的，认为品牌里可能有什么玄而又玄的东西。日本也有人研究过，为什么日本的手表品牌做不过瑞士品牌。日本的手表做得很好，过去全世界的石英机芯大多是日本生产的，但它在品牌上还是比不上瑞士表。

2019年我在参加达沃斯论坛期间，曾专门到瑞士几家大公司进行调研，看它们的品牌到底是怎么做的。为什么一个800万人口的山地之国，居然在世界上出了那么多的大品牌？我们得去研究它们。瑞士人说品牌工作是一把手工程，这句话给我留下了深刻印象。企业的品牌建设要领导重视，全员参与，长期推进。这让我想起以前北新建材的龙牌，后来中国建材的logo（标识）等的设计和宣传，也都是由我亲自安排和制定的。

加大在品牌工作上的投入

品牌是在质量的基础之上加上设计、文化、营销理念等形成的价值综合体。改革开放40多年来，我国企业的产品质量有了明显提升，但在设计、品牌等方面还有所欠缺。也有做得好的行业，比如家电基本自主品牌化了，美的、格力、海尔都不错；酒业也做得不错，茅台、五粮液都是国际化品牌；运动鞋服行业，李宁、安踏等品牌都进入了国际舞台。但有的行业，比如茶叶行业还缺少知名品牌，在全球市场仍需要打造品牌竞争优势。没有品牌的品种是没有竞争力的。

今天，我们已经进入一个由质量跨越到品牌的时代。以前讲"酒香不怕巷子深"，现在看来酒香也怕巷子深，产品质量再好还是要树立品牌。对企业家来讲，要围绕品牌工作下点功夫。有工匠精神、做好产品质量是前提，但是不见得在市场上就一定能够赢得客户，这种片面的认识需要转变。

品牌建设不是一日之功，既要长期坚持，也要加大在品牌上的投入，比如在机场设置广告牌进行宣传。其实品牌也有投入产出，它和企业的其他投入，比如研发投入、生产投入等，是同等重要的。过去中国企业愿意投钱在设备、技术上，但可能在广告上投入相对较少。我们坚信东西做好了，自然有人买、自然就能卖出去，其实并不见得，产品要做好，广告也得做好，牌子也得做亮了才行，这样才能有更高的附加值，品牌才会有价值。

海信通过在体育营销等方面加大投入来提升自主品牌的形象和影响力，它从 2008 年开始就尝试赞助一系列体育赛事，先后多次赞助欧洲杯、世界杯。像 2022 年的卡塔尔世界杯赛场上，大家就可以看到海信的广告，其中有一条是"中国制造一起努力"，它为中国制造呼喊助力，鼓励大家坚定信心、共同前行。

打造自主品牌，建设品牌强国

习近平总书记强调，要"推动中国制造向中国创造转变、中国速度向中国质量转变、中国产品向中国品牌转变"[①]。制造强国、质量强国，其实必然是品牌强国。这是我们的历史责任。

过去不少国产好品牌没有发展起来，比如我们的汽车工业，几乎每个大的汽车厂都进行了合资。合资是件好事，但问题是

———————

① 中央企业践行"三个转变"要求 打造中国智造高质量发展新示范，参见：http://www.sasac.gov.cn/n2588025/n2588119/c18467875/content.html。——编者注

合资以后用了国外的品牌。过去满大街都是外国汽车品牌，国产汽车品牌却没有做出来。

施振荣的"微笑曲线"指出，微笑嘴形的两头，一头是研发、一头是品牌，中间是代工。如果我们的企业只做代工，就只能赚其中的一小部分，大部分钱被技术研发和市场品牌给分走了。以手机为例，手机的出货量这么大，但我们代工生产一部手机大概只赚几块钱，而研发和品牌环节却可能赚几千块钱。

这几年我们开始"品牌觉醒"，国潮复兴，中国品牌时代到来。2023年上半年，中国汽车出口数量超过日本，中国成为全球第一汽车出口大国。习近平总书记在中国一汽集团研发总院考察时指出，"推动我国汽车制造业高质量发展，必须加强关键核心技术和关键零部件的自主研发，实现技术自立自强，做强做大民族品牌"。[①] 中国品牌乘用车市场份额现在已经超过了50%。这是历史性的突破，是我们盼望已久的。

在车企里面，一汽的品牌塑造在国内处于领先地位，它的解放、红旗品牌家喻户晓，现在在上海黄浦江边也能看到红旗轿车的广告。我算是一个老企业工作者，我以前看到的更多是外国汽车品牌的广告，今天看到我国自主品牌的广告，还是感到由衷的高兴。

我们要增加对国产品牌的自信心。过去女士买护肤品，可

---

① 加快实现高水平科技自立自强，参见：http://www.qstheory.cn/dukan/hqwg/2023-04/28/c_1129575972.htm?eqid=c29c03740000affa00000006647d4415。——编者注

能比较倾向国外的品牌，现在大家的消费观念发生了转变。我参观过华熙生物，它是全球最大的透明质酸研发、生产及销售企业，透明质酸产业化水平居世界首位。华熙生物做的润百颜等国产品牌的护肤品也很好，其主要通过线上渠道进行宣传和销售。我也希望中国化妆品行业先做出国家知名品牌，再将其做成国际大牌，参与国际竞争。

今天，我们既要建设制造强国、质量强国，也要建设品牌强国，积极打造一流的品牌，讲好中国品牌的故事，提高全球市场对中国企业和产品品牌的认知度，这样才符合高质量发展的要求。

第五篇　改革

企业里的改革，国企的问题是要解决市场化经营，而民企的问题是要解决规范化运营。"央企市营"是我们探索走上的一条市场化改革道路，也正因为这四个字，中国建材集团发生了巨大的变化。混合所有制解决了国企融入市场的世界性难题。混合所有制改革的关键不在于"混"，而在于"改"。公司治理其实是一种高级的管理，明晰治理架构，厘清权责利边界，充分发挥好董事会的作用，合规经营。企业需要建立起好的机制，用共享机制打造牢固的利益共同体，不断提升企业价值创造水平，实现高质量发展。

21

企业要按照
市场化机制运营

完善现代企业制度
『央企市营』模式
股权要多元化
坚持市场化竞争原则

企业要勇做市场化改革的先行者，完善现代企业制度是企业改革的任务之一。我做央企一把手18年，基本做法就四个字：央企市营。正是因为我们选择了这条道路，中国建材才不断发展壮大，从资不抵债的状态走到了全球建材行业的第一名。市营的第一条就是股权多元化，这是企业良性运作、健康发展的基础。在市场经济中，任何企业都要按照市场化机制运营，坚持市场化竞争原则。

完善现代企业制度

　　我在北新建材初当厂长时，常遇到上级的大检查，企业每次都是根据检查来做相应的工作。那时企业还是行政化领导，企业的工作大多是靠上级布置和安排，因此经常有各种各样的工作大检查。当时我就深刻意识到，继续这样做企业肯定不是个办法。

1993 年我写了一篇题为《建立适应市场经济的企业制度》的文章，次日早晨中央人民广播电台在《新闻与报纸摘要》节目中进行播发，这个呼吁也引发了社会的广泛思考。

1994 年全国建立现代企业制度试点工作会议召开，并确定在百家企业开展试点工作，称为"百户试点"，国家建材局只有一家单位被选中，就是北新建材。当时推行的现代企业制度，核心内容就是"产权清晰、权责明确、政企分开、管理科学"。

2016 年，全国国有企业党的建设工作会议提出，要建设中国特色现代国有企业制度，贯彻两个"一以贯之"，即"坚持党对国有企业的领导是重大政治原则，必须一以贯之；建立现代企业制度是国有企业改革的方向，也必须一以贯之"[①]。真正建立现代企业制度，必须健全公司法人治理结构，把所有权和经营权做分离，把决策权和执行权做分离，并对党组织、董事会、经理层等各治理主体的权利、义务和责任做清楚的界定，保证企业中各层级的权责明确，特别是要让董事会充分发挥作用，并承担相应的责任。

国有企业要把党委对重大事项的前置研究程序和董事会决策的主体作用结合起来，发挥经理层的主动性，真正做到党委把方向、管大局、保落实，董事会定战略、做决策、防风险，经理层谋经营、抓落实、强管理。

企业只有完善企业法人治理结构和健全市场化运营管理机

---

① 推动中国特色现代企业制度建设更加成熟更加定型，参见：http://theory.people.com.cn/n1/2022/0620/c40531-32450599.html。——编者注

制，才能实现科学决策、规范内部管理，才能破解自身的发展瓶颈，提升核心竞争力，不断做强做优，致力于高质量发展。

"央企市营"模式

不少人认为我的成功是因为一些特别的机会，认为我的职业生涯一直都很顺利。其实，我的职业生涯是由一个个困难串联而成的。最初我在北新建材做技术员，当看到厂里试生产的产品堆满库房卖不出去时，我毅然选择做一名销售员。20世纪80年代初期，销售员的工作还不能被大家理解，我当时毫不犹豫地选择了这一行。

我当北新建材厂长时，工厂已经揭不开锅，面临着资金紧张、原料紧张、运输紧张等诸多难题，我带领大家使企业挺过了难关，也改变了北新建材的面貌。通过改革、上市等，北新建材现在已经发展成行业龙头。2002年，我到中新集团担任一把手，当时公司面临经营困境，集团负债累累，销售收入只有20多亿元，银行逾期负债却有30多亿元。除了北新建材，集团旗下的壁纸厂、塑料地板厂、建筑陶瓷厂等厂子几乎全部停产或倒闭。就在我接受任命当总经理的那天，坐在主席台上，我收到了一份特殊的"贺礼"：一张法院传票。因为资不抵债，一家资产管理公司要冻结我们的财产。

应对和解决困难，也是体现企业家个人价值的时刻。面对困境，为了企业的生存和发展，我痛下决心，带领团队全力进入市场，通过一系列的改革和创新，企业在充分竞争的市场中获得了优势。在那些困难的日子里，我常常难以入眠，反复思考总结出四个字——"央企市营"。正是秉持这一原则，中国建材实现了跨越式发展，成为央企改革的典范。

"央企市营"，就是中央企业市场化经营。"央企"有四个属性：坚持党组织的领导作用；带头执行党和国家的方针政策；主动承担经济责任、政治责任和社会责任；创造良好的经济效益，为国有资本保值增值，为全民积累财富。

"市营"，主要包括五个内容。一是股权要多元化。股权多元化是企业保持活力和竞争力的根本保证，不仅能把民营资本和社会资本吸引进来，而且能使企业的决策体系、管理体系和经营体系发生深刻变化。二是要有规范的公司制和法人治理结构。根据《公司法》注册，使企业成为真正的市场主体和法人主体，建立规范的治理结构。三是要有职业经理人制度。企业的管理是靠逐级委托实现的。股东会委托董事会，董事会委托经理层，只有把职业经理人制度建立起来，才能使之与董事会一起，构成企业委托代理的"完整闭环"。四是企业内部要有市场化机制。也就是说，企业在用人用工、薪酬分配等方面要与市场接轨，干部要能上能下，员工要能进能出，收入要能增能减。五是要按照市场化规则开展运营。即企业完全遵从市场的统一规则，与民营和外资企业公平竞争、合作共生，实现包容性成长。

2008 年,《财富》杂志在"走市场化成长道路"的报道中,最先刊登了"央企市营"的内容。后来，哈佛商学院在编写中国建材重组案例时，专门收录了这个词，并将之译为"marketized SOE"。"央企市营"既不是"央企私营"，也不是"央企民营"，而是中央企业市场化经营。2011年《经济日报》对"央企市营"做了系统报道。中国建材正是按照"央企市营"的原则，不断进行自我改革，逐步建立起适应市场经济的体制机制。

我到江苏苏美达集团调研时，了解到这家企业比较早就开始走"央企市营"的发展道路。苏美达成立于1978年，是中国机械工业集团的重要成员企业，1998年实施集团化改组，在六大领域成立了专业化子公司，选择进行市场化经营，并积极引入市场机制，实施核心骨干员工持股，使其成为公司的自然人股东。苏美达是国有企业用"央企市营"方式做国际贸易的典范。

股权要多元化

改革开放以来，随着产权制度改革的深化和公司制、股份制改革的推进，我国的国有企业发生了很大变化，目前大部分国有企业已经上市，进行了股权多元化改造。

为什么股权要多元化？因为这既是触及根本的思想性问题，也是保证企业良性运作、健康发展的基础性问题。股权多元化的方式包括上市、引入战略投资者和财务投资者，这些投资者既可以是国资，也可以是民营，还可以是外资。

现在，很多国企虽然是其上市公司的第一大股东，但从股份的绝对值来讲，社会资本往往在其中占大部分，这能让全社会分享国企改革发展的成果，从而形成我国独具特色的融合经济。对国企而言，股权多元化扩大和增强了国有资本的控制幅度和控制能力，真正实现了用一定的国有资本吸引大量的社会资本来促进发展。对民营企业而言，股权多元化增强了企业长期稳定发展的经济实力，大家以股行权，在决策上还能提高企业整体的防范各种风险的能力，集聚多方智慧提升企业经营水平。

处于充分竞争领域的国企应该积极推行股权多元化，可采取相对控股、第一大股东和参股形式。企业的股权需要多元化，但也不能过于分散，否则就会"三个和尚没水吃"，股东无法统一意见或不会真正关心公司发展，导致公司权力被经营层操纵，也就是我们常讲的"内部人控制"，这是要小心避免的。

坚持市场化竞争原则

市场化竞争的内容概括起来就是公司独立、以股行权、不吃偏饭、公平竞争。公司独立，是指确保公司是市场的独立竞争主体。以股行权，是指依法享受股东权利，不超越股东权利，不侵犯小股东权利。不吃偏饭，是指企业不享受特殊政策和补贴。公平竞争，是指让不同所有制企业公平竞争。

央企在改革过程中一直是规范运作，建设规范的董事会，主业突出，从而规避了不少经营风险。我们要始终坚持社会主义市场经济改革方向，坚持"两个毫不动摇"，实现国企和民企协同共生，融合发展。

坚持市场化竞争原则，国企积极引入社会资本，引入战略投资者，实现股权多元化，股东通过股东会行使权利，按照《公司法》和公司章程履行相关程序。在上市公司中明确独立董事职责定位，凸显中小股东权益保护。

如何化解过去有些人对国企的偏见，使国企更好地参与海外的竞争呢？企业要坚持市场化竞争原则，一切按照国际通行的市场规则运作，这样才容易被全球市场接受，在参与国际竞争中就会顺利很多。

在进入市场的第一轮竞争中，不少企业因"水土不服"打了败仗。今天，经过多轮痛苦的改革转型，很多草根央企变成了草根英雄，其发展动力不是政府的照顾，而是其毅然决然地走向了市场。在建材这样处在充分竞争领域的行业，中国建材作为央企，是市场化的企业，过去基础差、底子薄。在国际化发展过程中，中国建材在全球市场参与竞争，遵循市场基本规律，完全是按照市场规则去开展的各项国际经营。

市场化竞争原则解决了国企迈向市场的问题，解决了国企和民企融合发展、公平竞争的问题，有利于加快市场化进度，有利于推动中国企业的国际化进展。从长远看，市场化竞争原则是国企深化改革，提高技术能力、管理水平、服务意识、市场竞争力的强大推动力，这将是一场深刻的蜕变。

22

积极稳妥
推进混合所有制

混合所有制是把『金钥匙』

国企的实力＋民企的活力＝企业的竞争力

混合所有制重要的是『改』而不是『混』

混合所有制改革的『三高三同』

混合所有制其实解决了国企融入市场这一世界性难题，国企民企是相互融合，共赢发展。国企的实力＋民企的活力＝企业的竞争力，现在混合所有制改革的关键不在于"混"，而是在于"改"，"改"就是改体制机制，让国企更具活力、民企更加规范。在混改的过程中，我们尤其要注意"三高三同"以及文化是否融合等问题。

混合所有制是把"金钥匙"

混合所有制是改革的一个突破口。如何让国有经济融入市场，是一个世界性的难题。这么多年来，我们最终探索出了混合所有制这样的体制机制来破解这道难题。

十五大报告正式提出了混合所有制经济，确定我国的基本经济制度就是以公有制为主体、多种所有制经济共同发展。十八大报告提出，必须毫不动摇巩固和发展公有制经济，毫不动摇鼓励、支持、引导非公有制经济发展。这么多年来，中国的国有经济和民营经济并不是此消彼长，而是都获得了长足的发展，有力支持了国家的经济建设。一些地方的发展证明，哪个地方国企和民企都发展得好，哪个地方的经济就发展得快。

2013年，党的十八届三中全会通过的《中共中央关于全面深化改革若干重大问题的决定》指出，"国有资本、集体资本、非公有资本等交叉持股、相互融合的混合所有制经济，是基本经济制度的重要实现形式，有利于国有资本放大功能、保值增值、提高竞争力，有利于各种所有制资本取长补短、相互促进、共同发展。允许更多国有经济和其他所有制经济发展成为混合所有制经济"。① 这也为国企发展混合所有制提供了有力依据。

国务院国资委是通过管理资本管理国企、央企的。十八届三中全会以后，国资委作为出资人通过管好国有资本投资公司和国有资本运营公司实现管资本为主，后来又增加了第三类型的产业集团。这三类集团公司是国资委管的一级公司，是国资委100%控股、100%全资的国有企业。二级公司通过管股权管理所出资企业，主要是做股权管理，并不直接参与具体业务。二级公司下面的项目公司或混合所有制企业则是做具体业务经营的。

正是国企改革这样的分类或分级，解决了国有经济和市场

---

① 参见：https://www.gov.cn/zhengce/2013-11/15/content_5407874.htm。——编者注

怎么融合的问题。国有经济到底怎么和市场融合？现在是通过这三个分级的设计来实现融合，第一级是管资本，第二级是管股权，第三级就是进行市场竞争。比如说中国建材集团，国务院国资委通过管资本对其管理，中国建材集团通过管股权来管理集团旗下的二级企业，集团下面各种形式的混合所有制企业，则是到市场上进行充分竞争。

在经济发展过程中，国有企业和民营企业这两种不同所有制的企业会相互融合，形成新型的所有制企业，就是混合所有制企业。混合所有制是社会主义市场的必然，是经济发展的客观产物，不是哪个人心血来潮的创造，也不是哪个人可以阻止，混合所有制既不是国进民退，也不是国退民进，而是国民共进。厉以宁教授曾说："在一定时间内，国有企业、混合所有制企业、民营企业将会三足鼎立，支撑着中国经济。但各自占国内生产总值的比例将会有所增减，这是正常的。"

近年来，中央企业引入社会资本超8000亿元，中央企业和地方国有企业的混合所有制企业户数占比分别超过70%和54%。混合所有制把国有经济、国有资本和市场经济有机结合起来，既解决了国有企业在市场上公平竞争的问题，也解决了国有资本如何在市场经济中保值增值的问题。这就是为什么混合所有制是一把"金钥匙"。

在混改工作中，这几年有两家企业异军突起。一个是广东省广新控股，它前几年是一个主营贸易的企业，这几年用混改的方式进行了成功的转型，公司秉持"不懂不投、不混不投、不控不投"的投资原则，成为混改领域的明星企业。它用 4 年时间销售收入增加 4 倍，成功进入了《财富》世界 500 强。还有一家是宝武投资的欧冶链金，它的投资结构是宝武和几家财务投资人共同投资，也有管理层和骨干持股。欧冶链金用混合所有制的方式在全国整合了一些回收废旧钢铁的企业，仅用三年时间居然重组了 3000 多万吨的规模，收入超过 1000 亿，他们的计划是 2025 年达到 7000 万吨的规模，这也成为用混合所有制方式发展壮大的一个奇迹。

国企的实力 + 民企的活力 = 企业的竞争力

"国企的实力 + 民企的活力 = 企业的竞争力"，这个公式是我在 2006 年提出来的。发展混合所有制不仅是资金的混合，更是能力的混合、优势的混合、文化的混合，最要紧的是发挥国企和民企的优点，把国企的经济实力、规范管理和民企的市场活力、拼搏精神、企业家精神有机结合起来。混合所有制，不光着眼于资产的混合，还着眼于人的联合，尤其是企业家与职业经理人的联合。通过混合所有制，这些年富力强、在市场中历练过的人才加入国企的队伍，有助于增强企业的活力。

从产权来看，国企的核心企业现在大多在上市公司，而上市公司一般是和民营资本混合在一起的，这种相互融合的混合所有制是常见的形式。现在的国有资本投资公司，国家在企业中的资本基本实现了可进可出、能增能减、自由流动。

从产业链来看，国企和民企在产业链上是互为补充的，两者是相互协作的关系。所谓"大河有水小河满，大河无水小河干"。国企要发挥其在提升产业链、供应链水平上的引领作用，带动民企、上下游各类企业积极打造发展融合、利益共享的良好生态。比如，石油石化、通信、高铁、汽车、建筑等产业的链条很长，每一个"链长"国企的背后，都有成千上万民企的共同参与。国企可以做大项目的整体规划，使民企在它的组织引领下进行服务。

从"走出去"来看，国企和民企在很多场合是团组合作形式，国企在参与国际竞争时，民企利用它们在市场开拓方面的灵活性去"打前站"，做好"探路人"，给国企提供了大量前沿一手信息。国企有规模、资金、技术等优势，可以带动大量民企参与其中。国企与民企深度融合，携手参与国际竞争，这是我们的优势。

无论是哪类企业，其实在我国社会主义市场经济发展过程中都发挥着积极作用。国企与民企就像社会主义市场经济中的一对孪生兄弟，两者相互依存，理应相互融合、共同发展。

混合所有制重要的是"改"而不是"混"

2014 年，我曾任职的两个单位——中国建材集团和国药集团，成为国务院国资委发展混合所有制经济的试点单位。回顾更早一些的情况，北新建材从 1997 年上市起就是混合所有制企业，到现在公司上市已有 26 年。2006 年，我在中国建材大规模推进和民营企业的混合，到现在也有 17 年的时间了。

混合不是一混就灵，也不能一混了之，核心是通过混合所有制，使参与各方的优势都能发挥出来，企业能变得更好，竞争力能提升。这才是企业做混合所有制改革的根本目的。

国企与民企的混合过程中，国企可以引入民企的活力，建立市场化的机制，按照市场化机制运营；民企可结合国企在资金、规范治理等方面的优势。什么才是真正按市场化机制运营呢？一是各类企业在市场中都要公平竞争，切实落实"两个毫不动摇"；二是在企业内部要按照市场化机制来分配。国企要健全更加精准灵活、规范高效的收入分配机制，紧紧围绕提高效率激发活力，进一步落实中长期激励，包括科技型企业股权分红、员工持股、上市公司股权激励、超额利润分享、骨干跟投等。

国有控股上市公司是一种混合所有制模式，中国建材旗下的北新建材和中国巨石，通过上市都建立起了现代企业制度，真正把市场机制引入企业，从而快速发展，成为优质的上市公司。中复神鹰也是中国建材旗下混合所有制做得比较好的企业，在进行混合的初期，我们就特别注意其管理方式，不完全按照国企模式管理，创建出一种适合混合所有制企业的管理方法。

国企改革三年行动提出，支持国有企业集团公司持国有股权比例低于 50%，所有制股东能够有效参与公司治理的其他国有相对控股混合所有制企业，实施更加市场化的差异化管控。我们应该把这些政策落地，让它具体化、可操作，即在监管方式和治理机制上探索与全资、绝对控股的国有企业的差异化管理，使企业更加市场化，内部更具有活力。

混合所有制企业一定要围绕完善公司治理、强化激励、突出主业、提高效率的要求做，如果我们能够持续推进体制机制改革，使企业真正市场化运作，充分调动员工的积极性，并能规范经营管理，那企业的混合所有制改革就取得了成效。

混合所有制改革的"三高三同"

在和一些国企领导干部交流的时候，他们常问：怎样的民营企业才能进行混合？我给出三条意见：一是从公司发展战略出发，看民营企业与公司在战略上是否匹配，能否优势互补；二是民营企业是否认同国企的文化理念，是否认同国企的一些规章制度；三是民营企业能否接受国企规范的管理。

有的民营企业家和我交流，问道："如果民营企业想做混合所制，应该找什么样的国企进行混合？"我也谈了三个方面：一是看战略上双方是否有一致性，比如在产业链上能否互补；二是看文化上是否能够认同，双方是否有相同的价值观；三是看双方能否进行友好合作，民营企业家在新平台上能否干事创业。

混合所有制企业要想取得良好成效，关键是要做到"三高三同"。"三高"就是在选择合作伙伴的过程中，一定要有高匹配度、高认同感、高协同性；"三同"就是在混改过程中，一定要同心、同向、同力。总之，发展混合所有制，各方要在战略上一致、文化上认同、产业链上协同，并且要有长期合作的打算。

我们发现那些混改不成功的企业，问题往往出在双方文化的融合上。如果企业混合后在文化上不能统一，各唱各的调、各吹各的号，那么随着规模越来越大，企业可能会面临很多风险。企业要重视用好文化同化坏文化，不能让坏文化同化好文化，要融合各方优秀文化元素，打造企业的新文化，增强企业干部员工对企业文化的认同感。

中国建材集团是靠联合重组一路发展起来的，各地不同的企业分别加入，集团的企业文化是开放包容的。在过去多年的实践中，我们一直推进以融合为特质的"三宽三力"文化，即待人宽厚、处事宽容、环境宽松，向心力、亲和力、凝聚力。大家相互融合，兼容并蓄，共同发展，就是对这种文化的诠释。

"三宽三力"的文化是由大家共同积累和创造的，从中可以看到众多加盟企业的缩影。这就是为什么新进入者会认同中国建材集团的文化，甚至刚进入就产生了归属感。这不仅是出于对集团的认同，更多的是出于对自己的认同。

23

公司治理要规范

确保公司独立的法人财产权

充分发挥好董事会的作用

合规经营，严格内控

完善 ESG 工作机制

经营的目的是获得效益，管理的目的是降低成本，而治理的目的是防范风险。规范的治理结构、高瞻远瞩的董事会和精干高效的经理层是企业经营发展的根基。公司具有独立性与有限性，要明确股东会、董事会、经理层的行权规则，做好所有权和经营权、决策权和执行权的分离，还要发挥好董事会的作用，开好董事会。公司要合规经营，内控要严格，并要积极承担社会责任，完善ESG（环境、社会和公司治理）的工作机制。

确保公司独立的法人财产权

公司治理因所有权和控制权的分离而产生，其本质是所有者和经营者、决策层和执行层的行权规则，也就是股东会、董事会、经理层的行权关系和运作机制。治理的关键是制衡。在公司治理中，最重要的是确保公司的独立性和股东的有限性。

股东只对公司承担出资限额的有限责任，如果股东超越股东的权利侵害公司的利益，就要承担无限责任。我认识一位在国外开公司的朋友，他和我说，他有一辆汽车，公司财务部门每年都会要求他把这辆汽车一年里发生的各种费用按因公与因私划分清楚，不能把个人产生的费用放在公司里报销。

但国内有的企业，在公司里报销的费用，因公与因私就没有分那么清楚，而之所以存在这种情况，就是因为还没有真正理解公司的概念，没有深入理解《公司法》，不懂得股东的有限性意味着什么。在公司里，股东可以分红，可以改组董事会，但是不得侵占公司的利益。

我们创立一家公司，一定要知道这家公司是独立的，这里的"独立"就是法人财产权独立。公司一经注册，就应是企业法人，拥有独立的法人财产，享有法人财产权。公司以它的全部财产对自身的债务、法律诉讼承担责任。虽然股东注册了公司，但股东的意志只能通过股东大会进行表达。

《上市公司治理准则》对"上市公司的独立性"进行了专门的阐述，规定控股股东、实际控制人与上市公司应当实行人员、资产、财务分开，机构、业务独立，各自独立核算、独立承担责任和风险。出资人与所出资企业之间并非简单的上下级关系，《公司法》中详细规定了股东会、董事会、经理层各自的权利，各方均应按《公司法》依法运行。出资人不能再以上级单位名义向所出资企业下达"红头文件"，所出资企业也应依法向所有股东负责。

确保公司的独立性，还需要有良好的股权结构，既不要一股独大，也不要股权过于分散。一股独大，容易造成中小股东利益被忽视的情况。因此，公司要致力于股权结构的不断优化，大股东要尽职尽责，各治理主体不得损害公司的利益。

公司的独立性要通过具有一定独立性的董事会来实现。董事会是股东的信托责任组织，董事应认真倾听股东的声音，维护股东的利益。但董事会一经选出，又是独立于股东而运作的，并对公司承担法律责任。

国务院办公厅印发的《关于上市公司独立董事制度改革的意见》，明确上市公司的董事会中独立董事应占三分之一以上，国有控股上市公司的董事会中外部董事（含独立董事）应当占多数。[①]这样的规定，除了出于保护社会小股东利益的目的，一个重要的原因是确保董事会的独立性。

企业在实践中做好公司治理，要严格贯彻执行相关法律的规定。上市公司要认真学习《公司法》、新《证券法》、《上市公司治理准则》、《OECD 公司治理原则》等相关法律法规，对于国企而言，还应该学习《企业国有资产法》。企业里的关键少数应该切实掌握这些法律知识。

[①] 国务院办公厅关于上市公司独立董事制度改革的意见国办发〔2023〕9号，参见：https://www.gov.cn/zhengce/zhengceku/2023-04/14/content_5751463.htm。
——编者注

充分发挥好董事会的作用

公司治理中的一个重点是防止内部人控制，解决一股独大的问题。企业在股权结构设计中可引入一两个持股 5% 及以上的积极股东，构建一个多元化的董事会，这会使公司经营更加公开、透明、科学。

董事会建设是公司治理的一个核心问题。董事会代表公司的利益，股东利益和公司的利益有时是一致的，但有时也会有差异。在西方，董事会成员可能由股东推荐，但是一经选举成为董事，就要求是独立的，要代表公司的利益，要对公司负责。

伟大的公司需要伟大的董事会。董事会是企业的大脑，企业有没有一个好的董事会对企业的健康发展非常关键。董事会的伟大之处在于，它需要在发展和风险的两难中做出决策，如果只重视发展而忽视风险，企业可能轰然倒下；如果只重视风险而忽视发展，企业可能止步不前。所以，能否把握好发展与风险的平衡，体现了董事会决策水平的高低。

外部董事制度是规范董事会建设的重要制度安排，外部董事占多数对于董事会的制衡和决策的透明性、公正性、科学性起到了关键性作用。我在中国建材集团和国药集团做董事长期间，两家公司的董事会都很有特点。中国建材集团的董事会共11 名董事，其中 6 名是外部董事，5 名是内部董事。国药集团共有 9 名董事，"三三制"：内部董事有 3 人，党委书记、总经理、纪委书记兼工会主席；国资委系统外派 3 位董事；另 3 位董事是聘请的社会精英。这个结构非常好，董事会中有不少是专家董事，对国药集团的战略制定和经营发展起到了很好的推动作用。从董事会的运行效果来看，"三三制"董事会模式是一种比较好的结构。现在我国国有企业已基本实现了董事会应建尽建和外部董事占多数的董事会制度。

福耀玻璃董事长曹德旺很早就开始关注公司治理，他在公司推行的主要做法是，明确股东会与董事会、经理层的界限，股东会与董事会的行权规则完全按照《公司法》，其中有一点他们做了改进，即所有未经董事会通过的议案不得以其他方式提交股东会。其公司董事会共有 9 名董事，其中独立董事 3 名。福耀玻璃比较早地依靠规范的公司治理，迅速发展起来。

以前我在瑞士访问过一家水泥家族企业，他们认为社会精英管理企业比家族的人管理得好。该公司 11 位董事中没有一个家族成员，都是社会精英，这让我印象极其深刻。

在公司董事会中，要积极发挥外部董事和独立董事的作用，确保他们的独立性并重视他们提出的意见和建议。在层级较多的企业，是否每家企业都要建立董事会呢？这应根据应建尽建的原则，像规模较小的企业，可以设置执行董事。

合规经营，严格内控

合规和内控是公司治理的重点。合规经营，就是按《公司法》、企业章程以及各项规章制度，进行规范运作，处理好股东会、董事会和经理层三者之间的关系，明晰三者的界限。在国企里面，经营还应遵照《企业国有资产法》，还要处理好党委会、董事会与经理层之间的关系。三个治理主体应该按照《公司法》、《企业国有资产法》、章程等要求，在各自职权范围内承担责任。超出法律、章程的权责分配属于"授权"，根据授权不免责的要求，出了任何问题，均应由授权主体承担责任。

尤其是上市公司，从上市那一天开始，它就不再是过去的普通公司，而是走上了一个透明的舞台，所有的经营管理就都要遵照规则执行。上市公司和大股东必须牢牢守住"四条底线"，即不披露虚假信息、不从事内幕交易、不操纵股票价格、不损害上市公司利益。这四条底线实际上就是红线。

内控是指内部控制体系。我曾问过法国圣戈班的董事长："你做董事长这么多年，主要管什么？公司里最大的事是什么？"他说："有两点，管薪酬分配和管内控。"回顾这么多年来有些企业出的乱象，细想就知道是它们的内控做得不到位。

企业的内控要重视审计与法务。公司法务，就是确保企业人要遵法、学法、守法、用法，依法经营。公司审计，包括外审和内审。董事会里有审计委员会，每个公司也都有负责审计的部门，企业每一年都要做内审。董事会应发挥好专业委员会的功能，尤其发挥好审计委员会的功能。

美的上市前是个家族企业，是民营企业上市第一股。它的创始人何享健先生经常出国访问，接受了现代公司治理观念。

2012 年，方洪波先生作为职业经理人从何享健先生手中接过美的的担子，任董事局主席并兼任总裁，同时何氏家族成员制定家族规章，明确不出任董事局职位，不干预美的公司的经营管理。这么多年来，美的的发展比较稳健，正是得益于公司的现代化治理。

完善 ESG 工作机制

在 40 年的职业生涯中，我始终认为，企业不能只重视经济指标、财务指标，还应该重视社会效益和社会责任。当然，企业的财务指标也非常重要，好的财务指标能够支持社会责任的履行；同时，良好的社会责任和社会效益反过来能够支持企业正确地经营、持续地发展，进而增加经济效益。企业的经济责任可以通过资产负债表、现金流量表、利润表和其他财务体系指标来衡量。那么，企业的社会责任、社会效益有没有一个指标来评价呢？我们已经探索了多年，经历了一个从 CSR（企业社会责任）到 ESG 的演变过程，使得企业的社会责任可以量化。

ESG 是一种投资理念和企业评价标准，是从环境、社会和公司治理三个维度对企业可持续发展及长期投资价值进行评价。过去公司年报主要是财务报告，而后再加上 ESG 报告，这样才能够完整说明一个公司的整体运营情况。那些披露了 ESG 报告的公司，往往更受资本市场和客户的信赖，这是毋庸置疑的。

一些发达国家对上市公司有披露 ESG 报告的强制要求。目前，中国香港已强制要求上市公司披露 ESG 信息，明确"不披露即解释"的原则。现在国际投资机构都很重视优秀公司 ESG 报告的披露，披露 ESG 报告的上市公司的股票容易被优先购买。中国内地主动披露 ESG 报告的上市公司越来越多，其数量和比例也是逐年递增。上市公司的 ESG 信息披露正朝着更加规范化的方向发展，信息披露完整性和积极性不断提升。

ESG 的工作重在落实，这是非常重要的事情，不能把 ESG 当成一个简单的口号，当作企业的宣传工具。企业一方面要重视 ESG 信息披露工作，树立主动披露意识；另一方面要推动 ESG 与企业经营深度融合，建立健全 ESG 内部制度体系和管理架构。

做企业，一要有效益，二要治理规范、合规经营，三就是要承担社会责任。良好的绩效是企业的目标，规范的公司治理是企业的基础，而明晰的责任则是企业的担当和品质的体现。我国上市公司将 ESG 作为提高公司治理水平的重要抓手，在科技创新、支持教育、乡村振兴，以及落实"碳达峰、碳中和"等方面，积极主动承担社会责任。当然，做好 ESG 工作，并不只是针对上市公司而言的，非上市公司其实也一样责无旁贷，要尽到应有的经济责任和社会责任。

24

用共享机制
打造利益共同体

什么是企业机制

人力资本与金融资本同等重要

有机制做企业不需要神仙，没机制神仙也做不好企业

从激励机制到共享机制

机制就是企业效益和员工利益之间的正相关关系。企业如果有好的机制，做好企业不需要神仙，如果没有好的机制，神仙也做不好企业。企业里有两种资本，一种是人力资本，一种是金融资本，现在的人力资本与金融资本同等重要，甚至更重要。以前我们总讲激励机制，但现在是一个高科技和新经济时代，我们要建立起共享机制，做共享型企业，这就需要人力资本也要参与企业财富的分配。

什么是企业机制

　　国企改革有三大法宝，就是党的领导、企业家精神、经营机制。党的领导是国企独特的政治优势，具有企业家精神的企业带头人是企业的领头雁，而企业机制是广大员工的活力之源。

这三者都很重要，缺一不可。

我做企业 40 年，一直在思考一个问题，就是企业如何激发员工的积极性。谁能把员工的积极性调动起来，谁就掌握了管理的真谛。其实，这也是国企改革里最深层次的问题，所谓的"伤其十指，不如断其一指"，这一指就是机制。国有企业的改革始终围绕着如何能够有一个让员工有积极性、创造性的机制而展开。机制活了，人的潜能释放出来了，企业才更有竞争力，才能实现高质量发展。

所谓机制，就是企业效益与企业经营者、技术骨干、员工利益之间呈正相关的关系。企业效益增加了，经营者和员工的财富收入就会增加。其实，机制也不是新东西。清朝的晋商就有一种很好的机制，银股和身股。银股是东家，就是现在讲的金融资本，而身股是经营者，包括掌柜、账房先生和伙计，就是现在的人力资本。到了年底分红，东家分得 50%，掌柜、账房先生共分得 25%，伙计们分得 25%。这种分配机制，让一大批优秀的晋商繁荣壮大，平遥票号当年就是这么做起来的。

机制有个常态化和动态化的过程。改革开放初期，企业机制面对的是平均主义"大锅饭"，机制改革指向"劳动、分配、人事"三项制度，着眼于提高效率，解决"干多干少一个样、干和不干一个样"的问题。国企改革三年行动中，除了进一步深化落实三项制度，还加大了企业内部经营机制的改革，推出科技型企业股权分红、员工持股、上市公司股权激励和超额利润分享、骨干跟投的"3＋2"中长期激励计划，这些机制极大调动了干部员工积极性，同时也促进了企业分配进一步公平。

人力资本与金融资本同等重要

彼得·德鲁克先生认为，在科技时代，工人已经成为知识工人，他们对待遇有了更高的要求，不能把他们当作传统经济时代的普通工人看待。现在越来越多的企业家改变了原来的观点，因为大家的受教育水平提高，能比以前创造出更多新东西，比如新的思想、新的技术、新的盈利模式，等等，人力资本在企业里发挥的作用越来越重要。尤其是在高科技和新经济时代，人力的资本属性更加突出。

企业既要重视金融资本也要重视人力资本，有时候人力资本比金融资本更重要。相对金融资本而言，高素质的人才队伍是企业的重要资源。企业的经营者也是重要的人力资本。企业财富的增加，不只是资本带来的，更是经营者、技术骨干、劳动者创造的。在企业进行利润分配时，他们也应该分到属于自己的那部分。

企业如果不重视人力资本，高素质的人才很容易流失，相反，企业越重视人力资本，发展会越好。华为长期重视人力资本，在全球范围内吸引各领域优秀的专家。华为能取得今天的成就，得益于这些人力资本持续发挥着重要作用。任正非先生说华为是知本主义，意思就是人的知识是企业最重要的资本。

中国建材一直以来非常重视人力资本，形成了一批能征善战的企业家队伍、科研队伍、营销队伍、工匠队伍，这些都是企业无比宝贵的财富。企业只有重视人力资本、尊重人力资本，给予优秀人才更好的待遇，给他们提供施展才华和能力的机会，未来才会有更好的发展。

有机制做企业不需要神仙，没机制神仙也做不好企业

做企业既要能赚到钱，还要能分好钱。一家企业有机制，就是说这家企业知道如何赚钱、如何分钱；一家企业有好的机制，就是说这家企业知道如何多赚钱、如何分好钱，不断激励大家去奋斗，从而使公司获得更好的效益。

现在不同类型的企业都存在机制的问题。民营企业有天然的机制基因，但并不是每个企业都有好的机制，还得看企业家的开明程度。一些国有企业也需要一个转变认识的过程，即如何看待国有企业的人力资本，如何让人力资本参与企业财富的分配。很多实践表明，人力资本参与企业分配并不会使国有资本减少，而是会促进企业更快发展，实现国有资本和人力资本的双赢。

烟台万华化学集团有限公司的成功，一是因为员工持股，二是因为科技分红。万华的股本结构是21.6%的国有股、20%的职工股，剩下的是散户，国有股和职工股联合起来做一致行

动人，职工股并不由个人持有，而是由员工持股平台持有，这样市场比较稳定，分红之后再量化到员工。万华的科技分红做得也很好，技术人员只要有所发明，就可以从该发明创造的效益中提成15%，为期5年，都是真金白银的奖励。所以，万华的研发楼晚上灯火通明，技术人员愿意加班干活，为公司多做奉献。受益于这些机制，万华的经营业绩一直非常好。它还新建了金山湖研发区，环境优美，干部员工们干事的心气特别高。

海康威视是央企改革的范例。它成立初期即引入员工持股，上市后，从2012年开始实施限制性股票计划，每两年授予一次，至今已经授予了5次。2015年开始，随着企业发展进入新阶段，海康威视加大了对五大创新业务领域的布局，针对新业务探索了出资跟投与股份增值权相结合的新模式，集团及子业务人员均有机会参与，实现了上下联动，激励员工共同创业，将企业塑造为名副其实的创业发展平台。

中国建材旗下的合肥水泥研究设计院多年来坚持创新与运营"双元驱动"，坚定践行科研成果产业化。其于2000年进行了股份制改造，2003年进一步规范化，2010年对六家分公司进行了业务整合和重组改制。现在这六家公司的股权结构是7∶3，合肥院持70%左右的股份，技术和业务骨干持30%左右的股份。此外，合肥院积极对接和运用集团公司改革"工具箱"，有关成员企业在已建立混合所有制的基础上，积极探索，推行超额利润分享和虚拟股权激励方案，针对不同对象，建立和丰富合理激励、有序流转及动态调整的激励机制。合肥院是国资委的双百试点单位，发展得非常好。

我常讲，有了机制做企业不需要神仙，没有机制神仙也做不好企业。不管国企还是民企，谁能破解机制的难题，谁能重视人力资本，谁能建立起好的机制，谁就能发展得快、发展得好。财富是一个增量，而不是常量，是大家共同把蛋糕做大，在增量的基础上分享财富。做企业把利益分配好，既是一种社会公平，也是企业真正的动力。

从激励机制到共享机制

我是机制主义者，很相信机制。1993 年，我在北新建材当厂长，当时工厂几千人发不出工资。许多工人常迟到早退，出工不出力。我问他们："你们怎么就不能好好干活呢？"他们回答说："宋厂长，我们好多年没有涨过工资，也没有分过房子了。"我说是不是这个问题，他们说是。我说："涨工资、分房子需要钱，钱从哪里来呢？大家好好干，赚了钱就可以涨工资、分房子。"

后来我就在办公楼前面挂上两个大气球，气球上挂两条飘带，一条写着"工资年年涨"，一条写着"房子年年盖"。就是这两个观念，调动了全厂员工的积极性，大家的热情像火山喷发一样爆发出来。就这样，北新建材从一个濒临倒闭的工厂，变成了一个欣欣向荣的企业。为什么我能把这家企业扭亏为盈，使它反败为胜呢？原因很简单，就两个字：人性。洞察人性、理解人心。就是坚持"每年涨工资，每年盖房子"这一条，企业就发展壮大起来了。

那时，我和员工经常讲的就是：其实我最想点燃的是员工心中的火。这句话一直是我事业的图腾。谁能点燃员工心中的火，谁能调动员工的积极性，谁就能找到管理的真谛，我做企业一直是这么想的。

人在企业里到底应该处于一个什么样的地位？在工业时代，企业把人当成劳动力看待。而在今天，我们的干部员工拥有了知识、技能、经验、能力等，这些都是资本要素。现在人力成本已过渡到了人力资本，这种人力资本应该参与分配，而且这些分配都是干部员工们应该得到的。基于这种思考上的跨越，我把激励机制升华为共享机制。

华为全员持股的共享机制就非常好，华为的成功主要靠两点，一是具有企业家精神的企业家任正非，二是财散人聚的机制。华为财散人聚的机制是倒逼出来的。华为创业初期很困难，很多人认为任正非做不下去，没钱发工资，打白条给员工。最后怎么办呢？他的父亲建议把股权分一分，结果增强了企业的凝聚力，使华为走出了困境并迅速发展壮大。今天任正非只有不到1%的股权，华为在重压下能众志成城，全员持股的共享机制发挥了重要作用。

建立共享机制，让金融资本和人力资本共享企业财富，让企业成为一个社会、股东、员工的利益共享平台，这是深层次的，也是这个时代需要的，能真正激发大家奋斗的东西。企业家只有真心实意地对员工好，把企业建设成员工乐生的平台，让员工与企业共同成长、共享成果，员工才能发自内心地为企业创造效益，企业才能获得持续的成功。

25

弘扬企业家精神

何为企业家
企业家的特质
企业家精神的内涵
珍惜和爱护企业家

企业家是富于创新意识、为社会创造价值的企业领导者，与企业规模、所有制形式等无关。民营企业创业者、具有创新改革意识的国企领导人、优秀的职业经理人等共同构成中国的企业家队伍，推动经济的快速发展。企业家具有三点特质：创新、坚守和责任。企业家可遇不可求，不以成败而论。我们应该对企业家倍加珍惜和呵护，营造企业家健康成长的环境，加强企业家队伍建设，更好地发挥企业家的作用，弘扬爱国、创新、诚信、社会责任和国际视野的新时代企业家精神，打造企业家社会。

何为企业家

　　"企业家"这个词是舶来品，法国人最早把流通过程中使货物增值的商人称为企业家，后来英国人又将其提升为使资源创造价值的企业主。经济学家熊彼特进一步提出，创新是经济发展的原动力，企业家是创新的组织者。管理学家彼得·德鲁克认为，企业家与企业规模、所有制形式无关，富于创新意识、为社会创造价值的企业领导者就是企业家。

改革开放后，企业家概念被引入我国，随着企业家的大量涌现，企业家为改革开放和经济发展做出的突出贡献，开始为社会大众所了解。中国特色社会主义市场经济坚持公有制为主体、多种所有制经济共同发展，这使得中国的企业家在资源组织、风险承担和创新活动方面呈现出多姿多彩的面貌。

中国的企业家主要有三种，一是在激烈的市场竞争中脱颖而出的成功的民营企业创业者，二是拥有创新精神的国有企业领导人，三是企业里优秀的职业经理人。他们领导企业健康成长，推动经济的快速发展。

2017 年 9 月，《中共中央　国务院关于营造企业家健康成长环境弘扬优秀企业家精神更好发挥企业家作用的意见》不仅高度肯定了企业家的作用，概括了企业家精神，而且首次明确了国有企业家的地位和价值，为国企市场化改革吃下定心丸。

我国国有企业在改革的洗礼中浴火重生，孕育和培养了一大批杰出的国有企业家。这些国有企业家肩负使命，坚守实业，突破资本、市场、技术、人才等重重困境，创造了享誉全球的中国制造，为国家创造了巨大财富。他们大多从基层做起，一步一个脚印走上领导岗位；他们大多面对过困难的磨炼，以坚韧的担当带领企业勇往直前；他们大多淡泊名利，用甘于奉献的精神赢得职工群众的信赖。

国有企业家常常要面对传统体制和市场机制的双重压力，只有大胆创新、锐意改革才能使企业焕发活力，因此国有企业家应具备改革创新、建功立业和勇于担当精神。他们肩负着经济责任、社会责任、政治责任和国家责任，是多重目标任务的承担者，因而更需要社会的关心和爱护。对于国有企业家，要责权利相统一，要调动国有企业家干事创业的积极性，就要在政治上爱护、工作上帮助、生活上关心，让他们安心、安身、安业。

企业家的特质

我以前在书中写过四句话：企业家是那种对成功充满渴望的人，企业家是那种在困难中百折不挠的人，企业家是那种胸中有家国情怀的人，企业家是那种永远面向正前方的人。

今天我们既有顶天立地的大企业家，也有铺天盖地的中小微企业家，面对当前国内外复杂形势和经济下行压力，我们特别需要弘扬企业家精神，以企业家精神引领开新局。企业家作为带头人，要带领整个企业界，带领各种经济体一起克服困难。我总结了企业家精神的三个特质。

一是创新，这是企业家的共性。企业家是创造财富的人，但如果没有任何创新，没有创造价值，再富有也不能算作企业家。企业家要做企业创新发展的探索者、组织者、引领者，选择合适的创新模式，进行有效、有目的、高质量的创新。山东重工集团董事长谭旭光参与了中国汽车及装备制造产业核心技术迭代升级的艰难过程，在伤了四根肋骨的情况下依然坚持到柳工（即广西柳工集团有限公司）谈判。他敢作敢为，大刀阔斧地改革，受到了职工的拥护和领导的表扬，给我留下深刻的印象。

二是坚守。企业家要长期坚守，把企业当成终生的事业来做，不懈怠，更不能逃避。在这一点上，波司登股份有限公司的董事长高德康给我留下了极深的印象。他 1976 年靠 8 台缝纫机起家，做了 47 年，把波司登羽绒服做成了知名品牌。我问他做企业的理念，他说是六个字：一辈子，一件事。

杭州的欧诗漫控股集团董事长沈志荣从人工养殖珍珠开始，几十年如一日，把珍珠类化妆品做到了一流，被赞扬"一生只为一颗珍珠"。他凭着一颗珍珠，开创了一个事业，带动了一个行业，做强了一个企业。他的事迹让我也十分感动。

企业家要做好传承，不仅要培养队伍，还要培养接班人。企业家不长青，但是企业长青，一代传一代要薪火相传。在这方面，企业家不能光顾着自己埋头苦干，还要重视传帮带，把新一代培养好，让他们接好班，这也很重要。能不能选好接班人，是对每位企业家的终极考验。企业家即使把企业经营得很好，如果没有选好接班人，可能也还没做到位，这也是企业家需要认真思考的事情。

三是责任。相较于普通人，企业家创造财富的能力确实要更强一点，但是企业家赚钱后，得知道财富为何所用。就是要积极回馈社会，多承担社会责任，做受人尊重的企业家。

习近平总书记强调民营企业家"要继承和弘扬中华民族传统美德，积极参与和兴办社会公益慈善事业，做到富而有责、富而有义、富而有爱"①。企业家一方面要会创造财富，另一方面还要会应用这些财富，要为社会多做贡献，多尽一些社会责任。曹德旺这么多年捐了100多亿元支持教育和慈善事业，后来又捐了100亿元建设福耀科技大学。他说捐的钱都是他自己的，不是公司的。2023年我参观了正在建设的学校基地，教学大楼都已完成封顶。曹德旺只要在福州，每天都要到基地上看看，他的这种精神和责任感让我深为感动。

企业家要树立以人为本的企业观。我们所做的一切都是为了人，不能只看树木、不见森林，不能忘了做企业的初心和本质。我们应该把企业建成社会大众、客户、投资者、员工等利益相关者共享的平台，让企业成为实现共同富裕的理想基石。

企业家精神的内涵

习近平总书记多次强调企业家精神，他说："市场活力来

---

① 习近平看望参加政协会议的民建工商联界委员时强调：正确引导民营经济健康发展高质量发展，参见：https://www.gov.cn/govweb/xinwen/2023-03/06/content_5745092.htm。——编者注

自于人，特别是来自于企业家，来自于企业家精神。"① 这段话充分肯定了企业家在市场经济中的作用，极大地勉励和鼓励了广大企业家。

习近平总书记在 2020 年的企业家座谈会上从 5 个方面谈到了新时代的企业家精神："企业家要带领企业战胜当前的困难，走向更辉煌的未来，就要在爱国、创新、诚信、社会责任和国际视野等方面不断提升自己，努力成为新时代构建新发展格局、建设现代化经济体系、推动高质量发展的生力军。"②

企业营销没有国界，但企业家有祖国。衡量中国企业家的第一条，就是把爱国放在第一位。我国的企业家，有一大光荣的传统就是爱国，就是家国情怀。

近代的一位代表人物张謇，他一生创办了 20 多家企业、370 多所学校，大家都在纪念他。民国时期有位很有名的企业家卢作孚，在抗日战争年代，他组织企业把工厂设备运到大后方。这些都是爱国精神的体现。在社会主义建设时期，尤其是改革开放以来，我们也涌现出许多有家国情怀的企业家。他们为了实现中华民族伟大复兴，前赴后继，付出了大量努力，其中包括很多大家熟知的优秀企业家，比如任正非、曹德旺、董明珠，国企的宁高宁、谭旭光等。

---

① 大力弘扬企业家精神，参见：http://theory.people.com.cn/n1/2017/0605/c40531-29316865.html。——编者注

② 习近平：在企业家座谈会上的讲话，参见：https://www.gov.cn/xinwen/2020-07/21/content_5528791.htm。——编者注

当前，国际风云变幻以及国内外一些超预期的冲击，给我们带来了较大压力。越是在这种情况下，我国的企业家就越要发挥应有的家国情怀，要为国分忧、为国担当。企业面对困境，企业家要能够带领广大干部员工坚定信心、克服困难、勇往直前。

创新是企业家最为核心的精神，企业家要创新，然而创新有一定的风险。创新没有效益，企业也就没有能力投入再创新，烧钱烧到最后，企业都做垮了，创新也就失去了意义。

创新还要集众智、聚合力。创新是协同的故事、融合的故事、平衡的故事。我们要把自力更生和协同合作结合起来，把自强不息和兼容并包结合起来，不仅要吹响"冲锋号"，更要吹响"集结号"，汇集各路精英，吸纳各方资源，组成攻关的突击队、特种兵团，在合作共赢中实现新发展、新突破。

市场经济实际上是诚信经济，诚信对企业来说非常重要。"君子爱财，取之有道。"这里的"道"，不仅是指企业的所作所为要符合市场经济、法律法规要求的基本底线，更高的要求应是坚守道德底线，义利相兼，以义为先，站在道德高地做企业。

做企业要重视的"道"，其中很重要的一点就是诚信，要在阳光下透明地做企业，这样才能取信于市场。阳光，首先意味着公开透明的经营，企业要遵纪守法、规范运营、科学决策、防范风险，从体制、机制、制度上推进人、财、物等重大决策的公开透明。特别是对上市公司来说，更要及时、公开、透明地进行信息披露，自觉接受政府和社会监管部门的监管，虚心接受社会大众和媒体的监督，实现阳光下的经营。

我做中国上市公司协会会长的四年多时间里，其中一项主要工作是推动提高上市公司的规范治理水平，其中诚信问题也是非常重要的，即大股东如何维护公司的利益、如何维护中小股民的利益。上市公司发行了股票，募集了资金，还要把企业做好，让投资者有回报，同时要为股东创造价值。从这些方面看，这也是一个诚信问题。因此，无论是做产品经济，还是做资本市场，都应该把诚信放在第一位。

企业不光要照顾到股东的利益，还要照顾到方方面面的利益。尤其是现在，我们要特别重视环境保护、落实"双碳"目标等。股东至上的理念，过去虽然带动了效率的提高，但也引发了亟需关注的两个问题，一是贫富两极分化，二是环境的破坏。因此，我们现在主张要照顾到利益相关者，积极妥善处理好这些关系。

对中国企业家来讲，应积极开展公益事业，成为让社会更加认可的企业家，进而赢得社会更多的尊重。在这方面，国际上讲得比较多的是觉醒企业。觉醒企业有三重底线：一是环境，二是社会责任，三是利益相关者。现在我们所讲的要实现共同富裕，实际上就是要共享。企业在照顾到金融资本的同时，也要照顾到人力资本，不光要让股东赚到钱，还应该让经营者，尤其是广大员工，能够与企业共同成长。此外，企业家还要尽可能多地回馈社会。

在改革开放这一过程中，我国顺应全球化潮流，积极向世界开放。现在我们开放的大门越开越大，每年在上海举办进博会，各种税率政策也越来越有利于对外开放。我们以国内为主体的循环越来越好，越来越有基础。加之我们有 4 亿多人的中产阶层消费群体，市场越来越大，同时我们还要有大量中高端产品的出口，以满足外汇的需求，进而保持贸易的平衡。

在当前情况下，重塑国际合作与竞争新优势，必须转向双循环新发展格局的开放发展新道路。我们要做全球的市场，就要由过去的产品"走出去"，到现在的企业"走出去"，在不同的区域建设我们的企业；我们不仅要增加 GDP，还要增加 GNP；GDP 是国内生产总值，GNP 是国民生产总值，包含了我们在国外开办的企业的销售收入，这些都是我们下一步要做的事情。

爱国、创新、诚信、社会责任、国际视野，这是最高领导人对新时代企业家提出的五点希望。为此，我们需要继续深刻地去理解、去实践，尤其是处在今天的变革时代，我们比任何时候都更需要企业家，渴望拥抱企业家精神。我们要为企业家干事创业创造良好环境，让企业家成为引领企业创新发展、推动中国经济腾飞的重要动力。

珍惜和爱护企业家

企业家是企业的领导者，是市场经济中最活跃的因子。改革开放以来，一大批优秀企业家在市场竞争中迅速成长，一大批具有核心竞争力的企业不断涌现，为积累社会财富、创造就业岗位、促进经济社会发展、增强综合国力做出了重要贡献。

企业家是人不是神，企业家不是常胜将军，企业家也有认知上的局限性，但企业家确实是稀缺资源，可遇而不可求，所以对企业家应该宽容，而不应求全责备。做企业是不容易的，常常是发展和风险并存，会不断遭受失败，甚至会倒在征途中，所以我们对企业家应倍加珍惜和呵护。对成功的企业家，我们要表扬；对于一些失败的企业家，不能墙倒众人推，要能宽容失败，给予关心和关怀，支持他们总结经验教训，东山再起。

营造企业家健康成长环境，弘扬优秀企业家精神，加强企业家队伍建设，更好发挥企业家作用，对激发市场活力、实现经济社会持续健康发展具有重要意义。关于加强企业家队伍建设，我认为应着力抓好以下几个方面。

要尊重企业家的创新活动。从制度层面减少对企业创新活动的干扰，依法保护企业创新成果和知识产权，保护企业家在创新和经营活动中获得的财富，加大对企业创新活动的物质和精神激励，引导更多高质量的创新投入。我们也要建立接纳创新的文化。如果想要大范围推动本土创新就需要人们有活力，需要人们有意愿进行创新，需要有智力能力和接纳广泛创新的大众。

要加强创新体制机制建设。国家引导创新，要着力建设以企业为主体的创新机制和汇聚关键创新资源的平台，要加快建设风险投资、科技创新联盟、产学研一体化、人才流动、产权市场，要加强政府和企业家的交流，要更加开放和自信，吸引推动创新要素的聚集。在企业内部采用市场化机制如员工持股、科技入股、管理入股等多种形式，确保企业家团队的稳定和动力不竭。

建设"亲""清"政商关系和企业家自律的风气。要建立企业家荣誉制度，提倡企业家发扬工匠精神，鼓励企业家专注坚守，打造众多专业化和国际化的行业"隐形冠军"。企业家要注意对标世界一流，提高自身政治觉悟、创新能力和综合素质。

要宽容创新的失败。创新是一个试错过程，既要鼓励创新也要宽容失败。对遇到困难的企业家要雪中送炭，鼓励遭遇失败的企业家东山再起，再展雄风。要营造尊重和支持企业家的社会氛围，认真研究和落实"三个区分开来"的原则，建立和完善容错纠错机制，信任和理解企业家，给予企业家正能量、正激励，让企业家在创新创业中越挫越勇。

抓好企业家队伍建设。要关注企业家成长，善于发现企业家苗子，扶持和培育成长过程中的企业家，倍加珍惜和爱护成功的企业家，创造更多机会和平台使人尽其才。同时还要关心企业家的身心健康，引导企业家带头践行爱国敬业、艰苦奋斗等精神特质，不断完善、大力弘扬、积极传承中国特色企业家精神。对有成绩和做出突出贡献的企业家，要引导他们谦虚谨慎、戒骄戒躁，加强学习和提高自身素质，把时间和精力更多地用于管理的精进和企业的发展上，努力建设一支高素质的企业家队伍。

第六篇 文化

做企业从根本上讲是做人心的事情，企业要以人为中心培育企业文化，因为文化定江山。现代企业管理要和我国优秀的传统文化相结合，利用优秀的东方文化做出世界一流的企业。我们要像办学校一样办企业，建立深度互动的学习型组织，进行深度学习、深度思考、深度工作。企业的目的是让社会更美好，我们要站在道德高地做企业，做有品格的企业。我崇尚一生做好一件事，那就是做好中国的企业。

26

企业要
以人为中心

文化定江山

企业要以人为中心

着力做好四支团队的建设

不可或缺的企业领导力

做企业从根本上看是做人的工作，是做人心的工作，其实这就是企业文化。文化定江山。企业要以人为中心，企业是人，企业靠人，企业为人，企业爱人。企业尤其要做好四个团队的建设，弘扬四种精神，即企业家精神、科学家精神、四千精神、工匠精神。做企业的领导者也是一种修炼，要着力提升学习力、创新力、决策力、影响力、组织力与担当力这六大领导力。

文化定江山

　　企业文化也可被称作"企业哲学"，是企业最重要的特征，也是员工共同的价值观和行为准则。它对内是指企业强大的凝聚力和向心力，对外是指企业巨大的影响力和渗透力。为什么有的企业越发展越好，而有的企业会轰然倒下？根本原因就是文化的差别。做企业实际上就是做文化。

企业从表面看，是厂房、设备、产品；再往里看，是技术、管理、人才；而最深层次的，则是涌动在干部员工内心的文化与愿景。文化是一种信仰，对企业来说，最有力量的武器就是凝聚人心的思想文化。

企业文化具有正义性，是推动企业发展的正向力量。一个能为国家、社会、行业持续贡献正能量的企业，注定能被大家广泛接受。企业文化是企业的集体人格，是全体员工共同信奉的准则。企业文化解决这些问题，即这样一群人从哪儿来，到哪儿去，在一起干什么。没有共同的文化维系，企业就如同建在沙漠上的大厦，建得越高，越有可能倒塌。尤其在当今的多元化社会，各种价值观相互碰撞。在这种情况下，多进行精神层面引导，多进行思想文化教育，强化集体主义、利他主义精神尤为重要。有了优秀的企业文化，有了强大的精神力量，我们就无须惧怕任何困难。

中国建材集团有一整套企业文化体系，从企业使命到核心价值观，从人文环境到行为准则，从宏观到微观，从企业到个人，都有系统的描述。中国建材集团的企业使命是"善用资源，服务建设"，这个理念沿用了十几年。原因在于，建材行业是高度依赖资源能源、对环境有一定负荷的产业，所以要善用资源，追求绿色发展、循环发展和低碳发展；同时也要有服务意识，包括服务国家重点工程建设、行业结构调整、社会的可持续发展等。

中国建材集团的核心价值观是"创新、绩效、和谐、责任"。"创新"是指通过科技创新、战略创新、经营思想创新、商业模式创新等推进企业的转型升级;"绩效"是指做企业要持续有一流的绩效,企业没有效益就无法生存;"和谐"是指与自然、社会、竞争者、员工和谐相处;"责任"是指自觉履行央企应负的经济责任、政治责任和社会责任。集团倡导"三宽三力"的人文环境,"敬畏、感恩、谦恭、得体"的行为准则,干部员工都要认同企业文化。

尽管企业文化需要不断地完善、提高和融合再造,但企业文化的主体不能随意改变。有一次,中宣部组织记者到中国建材集团的所属企业采访,记者们回来对我说:"你们这个企业很有意思,上上下下讲的都一样。"我说:"这就对了,如果大家都讲不同的故事,那么这个集团也就'集'而不'团'了。"

俗话说,"江山易打不易守"。打江山靠的是战略和执行力,守江山靠的则是一流的管理和优秀的企业文化。企业文化是企业战略实施的保证、组织建设的核心、顺畅经营的基础,在一定程度上决定了企业的发展和未来,这也就是我们常讲的"文化定江山"。

企业要以人为中心

在企业里,人是最宝贵的财富,一切都要以人为中心,企业是人、企业靠人、企业为人、企业爱人。企业的"企"字是"人"字下一个"止"字，就是说企业离开了人就停止运转、止步不前了。做企业从根本上讲就是做人心的事情，因此要尊重人、理解人、爱护人。

对企业来说，重要的是真正成为员工可以信赖和依靠的家，为大家遮风避雨，同时积极创造条件，让大家通过努力去实现梦想、收获幸福。20世纪90年代，北新建材被列为"百户试点"企业，当时国企的"下岗潮"给许多人留下了深刻的记忆，北新建材也没有幸免，按要求需裁员500人。看着长长的下岗人员名单，我好几晚辗转反侧，无法入睡。

500人意味着500个家庭，我不想我们的员工遭遇这样的事情，我在心里暗暗告诉自己，决不能让任何一名热爱企业的员工失望离去。我苦思冥想，后来向上级提交了一份不裁员的发展规划，就是随着企业实力的不断增强，我们承诺能为员工创造更多的就业岗位。我的这个想法得到了上级领导的理解和支持。后来上下同心，我们的发展计划也都一一实现了。

经此一事，我们的员工变得更加珍视和热爱企业了，企业也拥有了一支适应市场、勇于竞争、对企忠诚的员工队伍。在那场社会下岗潮中，我们的企业没有一名员工下岗。作为企业的领导者，当外界的寒流来袭时，你必须勇于站出来带头保护员工。

企业对于员工而言，不仅是谋生的场所，更应是乐生的平台——一个能让员工施展个人才华、实现自我价值、创造美好生活的平台。有了这样的平台，员工才能真正获得幸福，并将这种幸福转化为对企业的热爱和忠诚。企业的活力与动力来自员工的凝聚力和创造力。企业只有真心实意地对员工好，员工才能发自内心地为企业创造效益，企业才能获得持续的成功。"你怎样对待你的员工，你的员工就会怎样对待你的客户"，说的也是这个道理。

我们要让员工与企业共同成长，一方面要发挥员工的积极性和创造性，另一方面也要提高员工待遇。只有员工热爱企业，企业才能发展；企业发展了，员工的待遇才会随之提升。水能载舟，亦能覆舟。同样的员工，既可能会使企业蒸蒸日上，也可能会使企业江河日下。

我曾说过，世界上没有比员工对企业有信心更重要的事，没有比客户对企业有信心更重要的事，也没有比投资者对企业有信心更重要的事。员工、客户、投资者，都是企业离不开的人，重要的人。企业只要有了这"三个信心"，就能把握发展的正确方向，否则就会寸步难行。

着力做好四支团队的建设

企业仅依靠单个的个体，是做不出大成就来的，只有把这些个体里面具有相同或者类似的人生定位、价值观的人组建成一支支企业所需、具有强大向心力与凝聚力的团队，企业才能做成一些事情。企业有了永葆活力的队伍，就能不断实现新的跨越。

现在我们的企业需要四支训练有素的、能打硬仗的、高素质的队伍。一是具有企业家精神的企业家队伍。做企业得有企业家带头，创新、坚守、责任是企业家的三大显著特征，对于子企业比较多的集团型公司而言，企业里要能涌现出这样一批优秀的企业家来，从而带领企业在市场竞争中取胜。

二是具有科学家精神的科研队伍，指的是广大的科研工作者要专心致志、心无旁骛地按照规律去做事情。企业的技术创新离不开科研人员的长期努力。一家企业的科研队伍越强大，企业发展的实力就越雄厚。华为、百度、宁德时代等企业有一大批孜孜不倦、不断钻研的科研队伍。

三是具有"四千精神"的营销队伍。2023年3月13日，国务院总理李强在记者会上提到当年江浙等地发展个体私营经济和乡镇企业时创造的"四千"精神——走遍千山万水、想尽千方百计、说尽千言万语、吃尽千辛万苦。这种筚路蓝缕、披荆斩棘的创业精神，是永远需要的。[1]企业离不开这种精神，疫情防控政策优化调整之后，我国一些省市组织了万人抢单团到世界各个国家抢订单，这种精神非常可贵。企业经营发展排位第一位的就是市场，能不能赢得市场，要看营销队伍能否迅

---

[1] 总理记者会重提"四千精神"，浙商有话说……，参见：https://baijiahao.baidu.com/s?id=1760420790407334396&wfr=spider&for=pc。——编者注

速行动。

四是具有工匠精神的工匠队伍。山东潍柴动力能制造出高于 52% 的热效率的柴油发动机，成为全球第一，一个重要的原因是它有一大批训练有素的员工。这些员工的待遇也很好，最好的甚至超过公司中层干部。

企业就像一支乐队，每个成员都要清楚自己的责任和目标，在各自岗位上发挥最大能量，从而配合默契、高效协作。在企业里面，个人行为要服从组织，局部行动要服从整体安排。企业不仅需要注重团队建设，还要注重团队之间的协调与合作，这是开展各项工作的基础，也是实现企业目标的关键。

我们观察一个企业，不用翻看它的制度汇编，只需看它的团队是不是一个默契的整体，组织成员是不是按照规则在行事，是不是尽心尽力在做事，就能对它的水平有个基本评价。

不可或缺的企业领导力

每个国家在经济发展的过程中都会出现一批杰出的企业家。这些企业家的成功固然有客观的机遇和条件因素，但更重要的是他们的个人魅力，他们往往都是杰出的领导者，有卓越的领导力，有独到的见解、很强的影响力，这些又是企业软实力的重要构成部分。企业归根结底是靠人做的，而"人"里边领导又是关键，要提高企业的核心竞争力，就必须有出色和一流的企业领导者和优秀的企业干部。因此，研究领导力特别有现实意义。

所谓领导力，就是领导通过自身的影响力，带领组织实现目标的能力。可能是企业目标，可能是经济目标，可能是政治目标，也可能是社会目标，或者都有。领导和领导力是两回事。简单地说，领导是一种职位，这种职位可以赋予个人一定的领导力，但这只是初级的领导力；有真才实学，能在组织中取得出色的业绩，为下属提供学习、受教育、成长的机会等，让大家在思想上、感情上和能力上认同你并追随你，带领大家一起实现奋斗目标，这才是有了真正的领导力。

这么多年来，我反复揣摩和实践领导力，觉得有六个方面挺重要的。做个领导确实不容易，企业领导要比常人付出更多的努力，做更多的功课，才能成为一位优秀的领导者。我把六大领导力概括为以下内容。

学习力。领导者首先要有自我学习的能力。做企业是一个复杂且有难度的工作，企业领导者要想在瞬息万变的市场环境中带领企业发展，唯有不断学习，否则就会思想落后于时代，能力落后于他人，只能"以其昏昏，使人昭昭"，使企业陷入泥潭。企业里成长快的都是学习能力强的人，而且他们都很好地运用了 8 小时以外的时间进行学习。

我主张做企业要急用先学、活学活用。我到国药集团工作第一年的"十一"长假，买了 8 本投行写的介绍医药行业的书。整个假期我哪儿也没去，就在家里读了 7 天书。除了读书，我还到国药集团的每个基层企业去调研，渐渐把医药的业务框架在头脑里构建了起来。也正因为如此，在国药集团工作的 5 年间，同事们从没把我当成外行看待。

我这个人不吸烟、不喝酒、不打球，只有一个爱好，就是读书学习。我白天紧张地工作，晚上一般总要读两小时以上的书，无论多晚都会坚持，并在清晨思考、写作，几十年如一日。学习不只是读书，其实归纳、总结和互动也是学习。做领导首先要能听清楚大家讲的话，集思广益，然后归纳起来，这个也挺重要的。

创新力。企业家的职能就是实现创新，引进"新组合"，企业家是经济发展的主要组织者和推动者。所以，创新力是企业领导者必须具备的一种能力，也就是要解放思想，与时俱进，勇于突破，增强创新精神，练就创新勇气。

决策力。尽管企业里也有战略规划部门，有董事会，但是最后还是要在企业领导的方寸之间做出抉择。企业领导要善于做决策，既要审慎决策，也要讲究效率，既要千思万想，也要坚定果断，关键时刻要能拿大主意，甚至进行必要的取舍；面对问题尤其是重大机遇要当机立断，绝不能犹豫不决、拖拖拉拉、贻误战机。企业必须向前迈出一步。

影响力。就是企业领导者影响别人的能力。在企业内部，领导者要把企业的发展目标变成激励员工共同奋斗的美好愿景，反复宣讲企业的战略和文化，清晰地告诉大家要信奉什么、反对什么，弘扬什么、摒弃什么，以及公司的文化导向是什么，将全体员工凝聚在一个价值观之下。在企业之外，企业领导者的影响力就是企业无形的价值资产。领导者要与社会做好沟通交流，赢得更多理解和支持，不仅要善于创造和归纳故事，还要学会讲述和分享故事，把一个故事"讲好、讲通、讲准确"；更进一步地要创造一流的思想，有思想才有影响力。

组织力。 21 世纪的竞争实际上是组织质量的竞争。提高组织的质量，是领导者的一项重要工作。它不仅包括选人用人、知人善任，加强企业干部的素养教育，建设高质量的人才队伍，还包括对人才、资金、技术等各种资源的组织。如何把各种资源有效地组织在一起，发挥出巨大的资源优势，达到优化配置的目的，这是对企业领导者的巨大考验。

担当力。 领导者有权威的一面，在企业是中心人物，但他又应具有谦逊、服务、勇于担责的美德，赢得大家的充分信任，尤其是在承担责任方面，有成绩要给大家，有责任要自己扛。领导者要有担当精神，以身作则，对待事业要勤勉尽职、认真执着，遇到问题能挺身而出，千万不要文过饰非、推诿责任。

企业家获得成功的道路有许多条，知名企业家的传记很多，但我们很难完全模仿他们，也就是说我们要走一条适合自己的道路，构筑自己独一无二的领导力。领导力确实有做领导的个人的先天特质，但领导力又是可以后天培养的，学习和实践可以提升领导力。即使有一定的领导天分，做个称职的领导仍是个人不断努力的结果。

27

弘扬中华优秀
传统文化，
创造中国式管理模式

把我国优秀的传统文化融入现代管理

创造中国式管理

优秀的企业家还应该是企业思想家

做包容式发展的企业

中华优秀传统文化有时能解决现代市场竞争理论所不能解决的问题。现代的中国企业管理应该和我国优秀的传统文化相结合，真正做到洋为中用、古为今用，创造出中国式管理模式，为中国乃至全球企业提供中国式解决方案。我国优秀的企业家还应该是优秀的企业思想家，带领企业走包容式发展道路。

把我国优秀的传统文化融入现代管理

改革开放之后，西方管理思想和管理学说大量涌入中国，最初中国企业界基本是以学习西方管理理论和管理案例为主。可以说，中国企业这 30 多年的快速成长，得益于借鉴了国外优秀的企业经营管理经验。但是，在学习彼得·德鲁克等西方管理大师思想的同时，我们也发现中国的传统文化在国外备受推崇，尤其是日本、韩国、新加坡等国家的企业，它们从中国的儒家思想中寻找动力和精神支柱，创造了飞速发展的奇迹。这让我们有必要对东西方的企业文化进行再思考。

现代企业管理涵盖战略和文化、组织行为、技术创新与市场运作等方面。相比之下，西方管理更重视定量分析，擅长运用统计知识与模型分析等工具解决复杂的管理问题，而我们东方管理思想多注重企业哲学、行为规范、集体主义精神等。稻盛和夫带领两个企业进入《财富》世界 500 强，运用的就是东方的哲学思想。

中国优秀的传统文化有时能解决现代市场竞争理论所不能解决的问题，因为企业里不仅有定量的问题，还有大量定性的问题，像人的心灵归属、企业的价值追求等，这些很难用计算机量化。人毕竟不是机器，培养好的心态、好的素质、好的人格，让大家拥有共同的文化理念，解决人内心深处的问题，往往比建设新工厂、安装新机器难得多。

中国传统的儒释道文化博大精深，儒家讲的主要是以人为本的进取文化，道家讲的主要是无为而治的规律文化，佛家讲的主要是众生平等的奉献文化。其中，《论语》讲的是人与人、人与社会之间的规则，《道德经》讲的是人与自然相处的规律，佛经是教人人心向善的，这些都是我们极其宝贵的精神财富。

在众多国学经典中，《论语》是对我影响最深的一部。这些年来我反复诵读原文，也看过不少白话文译本，它不仅影响了我做企业的思路，也构筑了我的企业观。回想自己这些年做企业的经历，可以说就是"半部《论语》做企业"。这里的"半部"，与宋朝宰相赵普"半部《论语》治天下"中"半部"的含义不同，我指的是虽然学《论语》多年，但仍感觉学得不深不透，对它一知半解。如果用一个字概括孔子的核心思想，我觉得应该是"仁"，内容是"仁者爱人"；如果用一个字概括孔子的处事原则就应该是"恕"，内容是"己所不欲，勿施于人"。

我也很喜欢《道德经》，《道德经》介于哲学与宗教之间，实际上是我们中华民族最朴素的价值观。像里面的无为而治、以静制动、以柔克刚、利而不害、为而不争等，对我们当今做企业也很有启发意义。

儒释道倡导从善、尊重自然、改变社会，我们可从中吸取不少的精华来指导企业的经营管理，做到商业向上向善、尊重规律、对企业进行改革与创新。西方的管理大家与经济学家们也在研究中国古代的灿烂文明。今天，我们要将现代管理与我国优秀的传统文化相结合，真正做到古为今用、兼收并蓄。

创造中国式管理

中国企业发展需要有一批能创造出中国式管理的有效经营者。这些经营者深深植根于中国的文化、社会和环境，也深谙企业的经营与管理之道。真正做好中国的企业，需要中国的企业家发挥积极的作用。

做企业，要把从古今中外的管理大家那里学习到的理念和规律创造性地运用到企业的实践之中，并在实践中创新发展，解决企业和行业的问题。在解决问题的过程中，我们要不断归纳总结，汇集思想，给世界贡献中国智慧和中国方案，创造出中国式管理模式。

现在大家讲中国式管理，因为以前讲过日式管理，我理解的中国式管理是把现代管理理论与中国企业实际相结合，与中国优秀的传统文化相结合。因此，中国式管理也应纳入中国式现代化的内涵。

美国哈佛大学商学院很推崇案例教学法，很多企业常以管理实践被选作哈佛商学院的教学案例为荣。约瑟夫·鲍沃教授曾是哈佛商学院的副院长，对行业重组和产业结构调整很有研究，曾研究过 GE（通用电气）的案例，也曾聚焦欧美水泥业的重组。当年已经 70 多岁的鲍沃教授听到中国建材成功重组南方水泥的故事后，很敏锐地察觉到，中国建材的水泥重组对于全球基础原材料行业的整合有着示范意义，于是来到中国对我进行访谈，并带着团队深入南方水泥公司进行调研。后来，中国建材水泥重组的案例正式进入哈佛商学院的案例库，成为课堂教材。

2022 年我在《哈佛商业评论》创刊百年中国年会上获知，目前《哈佛商业评论》中文版有 30% 是中国本土案例，我听了很高兴。我鼓励他们，以后要在《哈佛商业评论》中文版上刊登更多的中国企业案例，同时也把其中一些典型案例拿到英文版上发表。有思想才会被尊重，中国企业这些年以产品著称，今后也要把中国企业的故事传播出去，获得世界范围的认知和认同。其实，更多地加大商界和学界的深度交流有利于我国改革开放的进程。

21世纪是中国企业的时代，无论是在制造业，还是在互联网、新能源、电动车等方面，中国企业都走在了世界的前沿。这个时候，中国本土企业的成功经验是特别值得总结的。比如，宁德时代不仅有广为人知的电池技术，还有一套"极限制造"的管理方法；潍柴动力不仅有世界一流的本体热效率技术，还有一套WOS（Weichai Operation System）管理体系。近三年，我曾深入调研上百家企业，发现不少优秀企业的管理方法和管理思想需要进行归纳和总结。

现如今，无论是在管理研究的趋势变化中，还是在世界管理潮流中，都需要渐浓的中国色彩，需要中国企业贡献更多的中国式管理案例与管理思想。我特别希望能有越来越多的中国案例与中国式管理出现，让西方企业家也来学习，共享中国企业在管理界的成就和新的思想。

优秀的企业家还应该是企业思想家

在企业发展过程中，存在一个现象：不少企业在壮大的时候，企业的精神却没有同步成熟。企业要进一步做强做优，要真正成为行业的领袖，最重要的是要有一流的企业思想。

企业家是企业的领头人，企业家有没有正确的思想，有没有独立的人格和高远的境界与企业发展的好坏关系重大。企业家应该是企业里的思想家，因为思想决定一切。企业家并不是因为企业做大而受人尊重，而是因为有思想才受到尊重。

一个企业要给全行业做出前瞻性的指导，就需要具备思想引领能力。成功的商业模式可以复制，优秀的管理经验可以借鉴，但领导者的卓越思想无可替代。改革开放以来，中国企业家群体快速崛起，涌现出很多企业领军人物。过去我们的企业家往往比较多地重视产品的产销量、市场份额、企业规模，以及在世界的排名，等等，而现在更多的企业家越来越重视人文思想和社会贡献。优秀的企业不仅是要出产品、出效益，还要出人才、出思想。

中国有思想的企业家非常多，有的体现在对企业创新发展的探索上，有的体现在对企业经营规律的认识上，有的体现在对企业哲学伦理的思考上。这些思想既具有中国特色，也具有国际水平；既是我们民族的，也是全人类的。应该说，现在中国经济能如此快速地发展，就是因为有一批优秀的企业、优秀的企业家、优秀的管理思想和管理理论在发挥作用。

一个有追求的企业，必须把企业上上下下的思想都整合起来、统一起来，形成企业独特的思想文化。杰斯帕·昆德在《公司精神》中说，在将来，建立稳固市场地位的过程，将成为塑造公司个性化特征及公司精神与灵魂的事业，这最终将成就一个强大的公司。在此过程中，要建立共同的愿景、目标以及对公司精神的忠实信仰。未来的公司内，只有信奉者生存的空间，没有彷徨犹豫者立足的余地。

中国企业和中国企业家的下一个目标，不只是创造更多的《财富》世界 500 强企业，还要创造代表精神和灵魂的企业思想。做世界一流的企业需要世界一流的思想，有世界一流的思想才能引领世界一流的企业。我们的企业家还要能以先进的思想引领更多的企业健康发展，从而提升中国企业的整体水平。

做包容式发展的企业

我做企业崇尚的是兼收并蓄的包容文化。在管理上，推动优秀的中国传统文化与现代管理相结合；在经营上，推动国企和民企融合发展、共生多赢。在企业经营管理过程中，我主张待人宽厚、处事宽容、环境宽松，也一直主张做包容式发展的企业。

包容的实质是包容不同，有时候还要包容缺点，多看别人的长处，以"三人行，必有我师"的想法来看问题。松下幸之助说过："带领十几人的团队，言传身教就够了；带领几千人的团队，用管理就够了；而带领四五万人的团队，就要用思想去感化他们。"唯宽可以容人，唯厚可以载物。企业家的胸怀有多宽、能容纳多少人，企业就能走多远。当企业达到一定规模后，考验企业家的就不再是他的个人才智，而是他的胸怀和容纳度。

记得刚当北新建材厂长那会儿，我发现不少员工总爱迟到，我就早上站在厂门口，看着大家来上班。站了一个星期后再也没有一人迟到，这时候我安排下了一个通知，如果再迟到，就会有处罚。后来，在我做厂长的 10 年里，大家没有再迟到过，我也没罚过一名员工。

当然，包容不等于没有原则。这就像我们提倡宽严相济的管理方式一样，宽和严总是相辅相成的。大家知道我的性格随和，但也知道我是个有原则、有立场的人，对一些不良作风和不好的现象，我会直率地批评。不过我对事不对人，而且很少当众批评人，经常是与对方坐下来面谈，最终彼此总能相互理解。我更多的时候还是表扬和鼓励大家，在工作中我也提倡"善用表扬"。因为我知道，做基层工作很辛苦，常有各种委屈，压力也很大。大家一年到头忙忙碌碌，总不能连句表扬的话都听不到。

我们的员工需要包容，企业干部也需要包容。我深知大家的不容易，业绩做得好，很容易被别人包容，一旦业绩做得不好，很难有人包容你，但经营中的常胜将军，又是不多见的。中小企业需要包容，大企业更需要包容。企业越有包容性，社会资源就越愿意向它靠拢、与它合作，企业也会发展得越来越好。

包容性成长，就是做企业要有利他主义，着眼于系统生态格局的健康化，实现与自然和谐、与社会和谐、与竞争者和谐、与员工和谐这"四重和谐"。一个成功的企业家一定是一个胸怀宽广、有包容心和同情心的人，一定是一个热情帮助和关怀部下的人，也一定是一个关心行业生态、行业价值、企业未来的人。

28

像办学校一样
办企业

做企业既要实践，也要学习
学习型组织的核心是深度互动
提升组织的整体素质
学会深度学习

我是个热衷于企业管理教育的人，我提倡像办学校一样办企业，也要像办企业一样办学校。企业和商学院要像医学院一样，既要实践，也要学习，讲究知行合一。企业要成为学习型组织，进行深度互动，要关注培训教育，提升组织的整体素质。

做企业既要实践，也要学习

　　要想做好企业，只靠经验不行，但只靠读书学习也不行，要理论联系实际，知行合一，只有既学习又实践的人才能做好企业。另外也要重视商学院的作用，有必要把干部送去培训，但商学院也应是理论加实践型的，既有老师又有"教练"。我提倡要像办学校一样办企业，也要像办企业一样办学校。

　　管理不是无师自通的，管理水平的提高源于坚持不懈地学习。我是理工科出身，走上领导岗位后之所以能胜任工作，与MBA 的培养是分不开的。1993 年当厂长时，我正在读 MBA，因为工作太忙一度不想学了。我跟导师说，当了厂长事情多了，而且现在厂里比较困难，我想全力以赴做好厂里的事。导师对我说，其实工作担子越重，越应该学习。一语惊醒梦中人，对啊，学习不正是为了工作吗？

实践证明，导师的话是对的。MBA 课程弥补了我的市场经济和企业管理知识的不足，通过读 MBA，我系统地学习了公司财务、会计、宏观经济、微观经济等课程，这些知识在工作中用处很大。尤其是财务知识，直到今天都在发挥作用。完成 MBA 学业后，我又接着攻读在职管理工程博士学位，其间导师会指定一些课题，以及一些基础理论、管理哲学等方面的书，看了书还要写文章，写完还要发表。这种学习方法能促使人归纳问题、系统思考、不断提升。

课堂上学习的内容大都是案例，回到企业，每次会上研究的问题也大都是案例。我把书上学到的知识应用到企业中，把企业当成一本书去归纳总结，遇到问题冷静分析解决。当面对问题时，先认真思考，然后把复杂的问题逐步解决，时间长了，感性认识就慢慢升华为理性认识。正是在这种"实践、认识，再实践、再认识"的循环中，很多企业难题就迎刃而解了。

商学院教育不仅改变了我，也改变了我的团队。多年来，北新建材和中国建材集团每年都会输送干部到清华、北大等学校的商学院学习，并与多所高校合作举办管理人员培训班，还在国家行政学院开设了中青班，在中国大连高级经理学院开设了 EMT（经营管理培训）班。经过系统的培训，干部们的分析处理复杂问题的能力、创新能力、领导能力等有了极大的提升。大家都能分析财务报表，熟练运用管理术语，这样管理就有了共同语言，管理体系也变得更加系统和规范。

美国西点军校培养出的企业家有很多，究其原因，是西点军校更注重培养对自我的严格管理，培养人坚强的性格，与纯理论知识比起来，这些或许更重要。企业培训和商学院教育要向医学院学习。在医学院，大部分教授都会去临床，因为只有具备临床经验才能更好地进行教学。医院还有一个会诊制度，不同科室的医生针对病人的病情和医疗方案会共同研究，以减少失误。医学最终是为了治病救人，而企业教育说到底是为了做好企业。

学习型组织的核心是深度互动

做企业仅仅依靠一两位优秀领导的经验是不够的，仅仅靠少数人学习也是不够的，整个企业上上下下都要有持续学习的习惯。学习者掌握未来，活到老学到老，只有学习型组织才能助力企业不断进取、不断向前发展。

按照美国学者彼得·圣吉的归纳，学习型组织要进行 5 项修炼：实现自我超越、改善心智模式、建立共同愿景、加强团队学习、进行系统思考。想想确实是这样，我一直把建立学习型组织作为做企业的一个基本目标，我常对大家说的一句话就是"把时间用在学习上，把心思用在工作上"。

对年轻人来说，要想强大，一是要忠诚，忠诚于事业，忠诚于团队，为人忠诚；二是要勤奋，别人在玩耍时你要继续工作读书，比别人付出更多的辛苦才能比别人更强大；三是要战胜自我，这也是非常重要的。企业如人一样，要想强大，就要不停地发展和更新，在此过程中，也要持续地否定之否定，那些曾辉煌过的企业失败的教训就在于它们总是用过去的成功经验。建立学习型组织，持续加强团队学习，会为企业健康发展提供源源不断的动力。

中国建材集团办公楼的廊道里装置有书柜，里面的图书员工都可以借阅。我们还办有读书会，大家以文会友。但学习型组织，并不只是每人拿一本书来读，更重要的是大家要在工作中深度互动和交流，碰撞出思想的火花。深度互动是团队学习的主要方法。1995 年我到英国一家公司参观时，看到他们每个人都随身带着一张卡片，上面第一句话就是"人是最重要的"，最后一句话是"我们需要沟通"。团队学习就是一个通过相互沟通和相互学习来达到目标的过程。

在北新建材当厂长时，为了加强干部们的交流和互动，我安排工厂领导班子成员和二级单位的一把手每周一早晨在企业食堂一起开一次早餐会，每次由一位二级单位一把手讲讲他所在单位近期的工作情况和下一步的工作思路，最后由我做总结发言，主要是鼓励大家。这些深度的交流和互动非常有益，不光交流了工作，也增进了同事之间的了解和友谊。

　　长久以来，我也在清华、北大等各大商学院做实践教授，我非常重视讲课时和大家的互动，如果不互动，就不知道对方的想法。学员们站起来提出的问题，就是他们真想讨论、真想解决的问题。学校是个学习的地方，也是一个让企业家反思和联想的地方，企业家应该多去。正所谓教学相长，讲的就是这个道理。

提升组织的整体素质

　　企业里，我选人的标准是：德才兼备，以德为先，以才为主。明代思想家吕新吾在论著《呻吟语》中讲："深沉厚重是第一等资质，磊落豪雄是第二等资质，聪明才辩是第三等资质。"三个资质对应的依次是人格、勇气和能力。一流的领导者就要有一流的人格。

　　小胜靠智，大胜靠德。如果一个干部品德不过关甚至存在大问题，那么他的能耐越大，对企业的损害就越大，不仅会把整个团队的风气带坏，而且会把企业的基础搞垮。所以，有才无德的人即使能力再强也不能用。当然，有德无才也不行，没有真才实学，只是个"好好先生"，做企业也不会有大起色。做企业这么多年，我发现德才兼备的企业干部，确实是可遇不可求的。

作为企业的带头人，不仅要提升自我素养，还要成为团队素养的培育者。什么样的企业干部才是素养高的好干部呢？对于国有企业的干部，这是有一些具体要求的，就是要对党忠诚、勇于创新、治企有方、兴企有为、清正廉洁。这20个字，不仅适合国有企业的干部，同样也适合其他所有类型企业的干部。

我对企业干部提出了"四精五有"的素养要求。四精，就是要精心做人、精心做事、精心用权、精心交友。五有，就是要有学习能力、有市场意识、有敬业精神、有专业水准、有思想境界。

为了提升组织的经营管理能力，中国建材把一些企业管理工法印制成内部教材发给大家学习，被称为集团的"武功秘籍"，像《八大工法》《六星企业》《五有干部》等，这些都成了大家学习和对标管理的工具书。这些年我在总结归纳的基础上也写了些书，这些书首先是写给企业内部的干部看的，方便干部们更加熟练地学习和掌握经营管理的技能。

中国建材集团每个月都有一场经营分析会，大约有50位经理人参加，大家在会上先汇报一下各自公司的经营指标，然后总经理部署安排工作，最后是我给大家"布道"，我大概会讲一小时，主要讲形势、战略和思想文化的要求，就像在商学院讲课一样，我给大家讲了十几年。

在我的职业生涯中，有一个经历非常重要，就是年纪轻轻就走上领导岗位。我在北新建材做副厂长时是30岁，做厂长时是 36 岁。由于比较早地进入领导岗位，我学习和积累了不少管理知识与领导经验，这为我后来出任更大企业的领导打下了基础。我主张早些使用年轻人，多创造机会，让年轻人尽早脱颖而出，到重要岗位上历练，让他们边学边干。

企业最终是要交给年青一代来管理，所以对年轻人才要敢用、早用。在企业这个大家庭里，年轻人就像我们的孩子一样。古人云：父母之爱子，则为之计深远。意思是说，我们爱孩子，就要为他们想得长远一些。同样，我们喜爱年轻人，也要为他们想得长远一些。未来要留给年青一代，年轻人不是要照着我们以前的经验去做，而是要像前辈那样，在遇到问题时去克服、去变化、去创新、去发展，这才是管理的精髓。

学会深度学习

学习有浮浅化的、有碎片化的，也有深度的。现在职场中通过手机微信号或者各类 App 学习的人比较多，这些缺少系统化，属于间歇性的学习状态。我们要加强深度学习，如果真心想学习，时间挤一挤总是有的，每晚睡前的 2 个小时，其实是很好的学习时间。学习有听者型，也有读者型，可根据自己的情况来安排自己每天的学习计划，重要的是应该保障每天有整块不易被打扰的时间来进行深度学习。

我也鼓励大家进行深度思考，我本人是一个特别爱思考的人，只要进入思考状态，就觉得大脑停不下来，一直在飞速运转，有时候大家看到我发呆，其实我不是在放空，而是已经进入深度思考的状态。我把思考看得特别重要，做什么事情，都是先想，想明白了，想透彻了，再去做。每天清晨醒来，我都会进行认真的思考，这段时间头脑特别清醒，正是用来深度思考的好时间。我们可以每月选择一天作为思考日，每年选择一整周作为思考周。

做企业，要心无旁骛，一心一意，这个其实就是深度工作的状态，就是专心致志地工作，不受任何人打扰。要达到这种状态，关键就是要在工作中不处理任何杂事，保持高度的专注力。每天8小时的正常工作时间，上午与下午至少要保持各2小时的深度工作状态，时间不宜过长，因为人的耐受力是有限的，过长时间和过累都是不可持续的，要张弛有道。

像我这样，常年全身心扑在工作上的状态，一部分是性格使然，一部分是责任心使然，这些都时刻提醒我不能有任何懈怠。大多数企业家可能都是我这样的状态。从中国建材集团工作岗位退休后，我心里的那根弦不再像以前那样紧绷了，但这么多年习惯已经养成了，所以现在在两个协会里工作，我还是兢兢业业，从不懈怠。

29

按照常理
做企业

要发扬务实主义

要秉持专业主义

要坚持长期主义

要做精客户主义

能发现"黑天鹅"的人是聪明人，能发现"灰犀牛"的人是理性的人，而认为未来充满不确定性的人是老实人，我大概是最后一种人。虽然未来是不确定的，但无论环境怎样不确定，我们做企业还是要按照常理去做，我把这些常理归纳为四个主义：务实主义、专业主义、长期主义、客户主义。为什么我用了"主义"这个词呢？主义是信仰。在企业里，构筑这些信仰的思想基础，就是常理。

要发扬务实主义

务实主义是中国文化的传统，中华民族是非常务实的民族，中国的企业家也是非常务实的一群人。改革开放后，中国经济能够快速崛起，中国的企业能够快速发展，与中国人的务实精神是分不开的。做企业光靠高谈阔论没用，最根本的还是要做出好的产品、提供好的服务，最后有良好的经济效益，这是我们企业家要时刻牢记的。

我无论到哪个企业去看，都从环境卫生看起，环境卫生做得好的，一般企业也差不了，卫生环境差的，一般企业也做得不好。北新建材原来的厂区环境并不好，我做了厂长后，下定决心要把这事解决好。治理环境的契机是主管部门通知我们美国的黑格将军要来工厂参观，于是我们动员全厂员工打扫了一个星期的卫生。可后来黑格先生因故没来，员工们很有意见，认为厂长是在糊弄大家。于是，我召集干部们开会，反问道："干净的作业环境是为了给黑格将军看，还是为了满足我们自身工作的需要呢？"

后来我倡议建设花园式工厂和花园式家属区，还修建了一个"爱心湖"，也组织大家花了三个月的时间清理完办公楼后面的那座垃圾山，在那块空地上修建起小花园和龙苑食堂，还有足球场、篮球场和排球场。这些措施改善了员工的生产和生活环境，提升了员工的幸福感。经过一番整理改善，工厂模样大变，一平方公里的厂区湖光水色、树影婆娑、绿草如茵，每条马路、每个厂房、每块玻璃，甚至每个厕所都干干净净，几乎一尘不染。日式管理理念曾对全球企业产生一定影响，而我们的厂区环境让从日本来的客人都赞叹不已。

如果企业连打扫卫生都做不好，又怎么能做好产品呢？那时我带领大家打扫卫生，有年轻干部跟我说："宋总，我们为什么总去打扫卫生呢？我们要不要做点大的事情呢？"我说："一屋不扫，何以扫天下。"这不仅是打扫卫生的事情，还是做事情要从点滴、细微处做起的一种务实精神。

我们不是经济学家，不是科学家，也不是外交家，而是企业家，我们不能代替别人，别人也不能代替我们。我们做企业还是要种好自己的一亩三分地，要成为有执行力的务实主义者。

要秉持专业主义

习近平总书记曾讲过这样一段话："做企业、做事业，不是仅仅赚几个钱的问题。做实体经济，要实实在在、心无旁骛地做一个主业，这是本分。"① 做企业一定要围绕主业进行。我本人是专业主义者，在管理中国建材集团和国药集团的时候，中国建材集团只做建材，国药集团只做医药，不越雷池一步。因为我知道，离开专业我们对其他行业了解得有限，做企业不能总听人讲故事，还是要集中精力把自己的主业做好。

做好主业还可以在细分市场上做到极致，这有利于企业取得良好的效益。赫尔曼·西蒙在其所著的《隐形冠军》一书中推崇窄而深地做企业，即把一个行业做到极致。以德国的福莱

---

① 瞭望·治国理政纪事｜坚守主业做强实体经济，参见：https://baijiahao.baidu.com/s?id=1752442420201730149&wfr=spider&for=pc。——编者注

希公司为例，这是一个做可伸缩牵引绳的公司，全球市场占有率达到70%。现在我国这种隐形冠军企业也在大量崛起。

做大企业对标世界一流，这样是专业化的；做中等企业对标隐形冠军，这也是专业化的；做中小企业就做"专精特新"，这还是专业化的。无论是大、中、小企业，都应该有专业化思维，努力深耕细作，这是长久稳健发展的前提。

这么多年，我有一项很重要的任务，就是寻找那些精通专业的痴迷者型的企业一把手。痴迷者对于自己的工作能够专心致志、孜孜不倦，一心一意做企业、做事情，干一行、爱一行、精一行、专一行，早晨睁开眼睛就想业务和工作的事，半夜醒来还是想业务和工作的事。

我喜欢员工们能把自己的工作讲清楚，把事情做好，我不喜欢"百事通""万金油"式的干部，说起话来天花乱坠好像什么都懂，但说到自己的专业、自己的企业却支支吾吾、说不清楚。中国建材集团和国药集团很多业务平台的管理者都是痴迷者。

要坚持长期主义

做企业不可能马到成功，马到了也不一定会成功。做企业需要一个漫长的过程，是一件苦差事，久久为功，必须坚守。做好一个企业需要10~15年的时间，如果想做到极致，可能需要 30~40 年。大家有时候问我，宋总，这是怎么算出来的？我说，这不是算出来的，而是做出来的。中国建材集团旗下的好企业，像北新建材、中国巨石都用了 40 多年的时间，才做成了一家不错的企业。

北京大学刘俏教授在《从大到伟大》一书中指出，一家被称为伟大的企业，必须要有 50 年以上的历练，短时间的成功不能被称为伟大的企业，因为不知道后面有多少风险等着。只有经受住历史的考验、经过长期的磨砺，才有可能成为伟大的企业，从这一点来说，大部分企业距离伟大还有很长的路要走。做企业都要有这样的心理准备，我们选择的是充满坎坷的奋斗道路，要坚守下去才会终成正果。

我到中国建材的时候，公司只有 20 亿元的营业收入，我 2019 年退休时，公司有将近 4000 亿元的营业收，但是这个过程花了 18 年。最初，我并没有要做《财富》世界 500 强企业的目标，只知道扎扎实实地做企业，这些事情都是一步一步做下来的。千里之行，始于足下，干一行爱一行，而且坚持去做。

过去做企业讲得比较多的是情商、智商，这几年我们讲得比较多的是"逆商"，就是面对困难和克服困难的能力，与情商、智商比，它对成功的影响更大。在影响企业成功的要素中，情商、智商总共只占 30%，而逆商可能占到 70%。任何时候，做企业都要有长期打算，要准备应对各种困难。在充满不确定性的经营环境下，企业家必须有耐心、有韧性，还要有应变力、抗压力、复原力、免疫力。

我做企业的这一路上遇到过很多困难，像以前的 SARS（非典）、国际金融危机、历经三年的新冠肺炎疫情，等等。对此，我总结出三点"困难观"。第一，困难是客观的。你困难他也困难，大家都困难，不要怨天尤人，要增强耐力。第二，最困难的时候还是要坚持。要挨得住，不能躺平。"否极泰来"讲的正是困难达到极点就是要有转机的时候。最困难的时候，往往困难也快过去了。第三，解决困难还是要靠努力。我们还是要主动寻找一些方法解决困难。困难的时候往往是企业进步最快的时候，也是人进步最快的时候。企业顺利或成功的时候，可能进步会比较小，反而最困难的时候，进步的机会是最大的。

做企业必须勇于面对困难，企业家的任务就是解决困难。面对困难，既不能悲观失望，也不能盲目乐观。我主张企业家应该务实达观些，看得开，拿得起，放得下，战略上藐视困难，战术上重视困难，既要有平常心，不浮躁、不慌乱，又要有进取心，千方百计解决和克服困难。

中国要有一流的经济学家、一流的科学家、一流的军事家，也需要一流的企业家。如果没有企业家创造财富，没有企业家制造精良的产品，其他可能都不容易。企业要靠企业家带领才能做好。一路走来，尽管有这样那样的困难，但下定决心要做的事业，我们就要秉持长期主义的原则，始终相信自己、相信直觉、相信常理、相信未来。

要做精客户主义

企业的工作是创造客户，企业的任务是为客户创造价值。客户是企业的江山，是企业生存的基础。我时常问员工两个问题：社会为什么愿意尊重我们？客户为什么愿意千里迢迢过来购买我们的产品？做企业如果能时时以一种回报社会的良好心态来对待社会大众、对待客户，企业就可能得到更多的友善、帮助和支持。当有客户来访时，我们一定要献上自己的热情和真诚的微笑。

我在北新建材当厂长时，北新龙骨厂成品库就有这样 5 位女发货员，大家称她们为"五朵金花"。她们的工作时间并非朝九晚五，而是以客户的提货时间为准。她们也都是妻子和母亲，有幸福也有忧愁，可面对远道而来的客户，她们总是以最快的速度认真负责地把货装好，并回报以最灿烂的微笑。成品库里有一个牌子，上面写着"假如我是用户"，这"五朵金花"的笑容恰恰是对这个假设最好的解答。面对客户，我们就要像这五朵金花一样，付出百倍的努力和更多的诚心来满足客户的要求。

企业存在就是要创造客户，那客户的最大诉求是什么？一个是质量，另一个是服务。服务是目的，不是手段。很多企业往往错把服务当手段，产品滞销时就开展"服务周""服务月"活动，产品畅销时就"门难进，脸难看"，这样的企业终究会被客户抛弃。所以，我常问员工，你们能经常想到客户吗？

当他们装货离开时，你们能道一声再见吗？这些看似很小的事，可能一两次能做到，但作为一种文化和品质坚持下来就难了。在北新建材做厂长时，我提出了一个口号："产品质量要一贯的好、服务要一贯的好。"这一点特别重要。中国的企业要参与国际竞争，必须在服务上下大功夫，真正把服务质量提升上来。

企业的产品客户很重要，既包括经销商，又包括终端的客户。尤其是在互联网时代，互联网的价值在于去中介化，更方便直销。但是经销商忠诚的营销网络也是很重要的，一旦经销商做出其他的选择，就会对企业造成很大的伤害。所以我们要处理好经销商和直销之间的关系，达成双赢，让过去的经销商和现在的直销有机结合，从而获得长期的、稳定的客户。

企业想拥有客户，就要全心全意为客户着想。我之前到小米去调研，雷军向我展示了一些产品，提出产品细节一定要精益求精，让客户满意，就像插线板的每一个角都是圆的，就是为了让客户摸着很舒服，体验更好。我们一是要满足现有客户的需求，吸引客户继续选择我们。留下一位客户，就等于留下了与之相连的上百位客户，失去一位客户，就等于失去了与之相连的上百位客户。二是要创造新的客户，不断吸引新的客户。

企业要为客户创造好两个环境，一个是硬环境，一个是软环境。只有这两个环境都使客户满意了，我们才能长久地吸引住客户。硬环境，就是让客户满意的外在环境，如环境优雅、整洁，氛围良好。软环境，就是客户的体验感和享受的待遇，具体表现为企业为客户提供什么样的服务。对客户而言，软环境的体验更为直接，重要性也更为突出。

企业经营要培养一批忠诚的核心客户，这是企业获得丰厚利润的重要因素。当然我们对客户也要忠诚。如今来看，凡是优秀的企业，往往都建立了长期的客户和核心的客户群，都对客户忠诚，都在持续为客户创造价值，提供增值服务。

比如，我们在饭馆里吃饭，服务员给我们点菜、上菜。在点菜时，有的服务员会提前说菜已经点够了，如果不够可以等会儿再加；而有的服务员习惯从菜单上最贵的开始推销，最后客人点了一大桌子，却连三分之一都没吃完。顾客的感受是什么？往往会感谢前者，觉得饭店有人情味，是在关心你，在提供增值服务。而对饭店来说，看起来好像少销售了几个菜，但是长期来讲，它获得了客户的回头率。这个故事的道理其实挺简单，但是并不那么容易做到。

客户的任何变化都可能给企业带来影响，在企业里，客户并不只是销售员、经销商该关注的事，也应该受到公司领导的重视。像中国商飞董事长贺东风，他每年都要用一定时间逐一拜访航司客户。再比如格力电器，它的大厅里有个直播室，平时都是销售员在直播，但是董明珠作为董事长有时间也会下来直播一番，跟客户聊天，推广产品。

中国建材旗下的凯盛浩丰是国内最大的智慧玻璃温室运营商，发展智慧农业，主要种西红柿，他们生产的"一颗大 ™"西红柿很有名。这家企业的负责人有一天碰到我说，他每天早晨醒来第一件事就是打开网站看看客户的反馈，而且主要是看负面评价，这样有利于改进工作。这就是一个好的态度。

最苛刻的客户往往能造就最优质的服务。从各行业的服务来看，最好的是餐饮行业，而饭店的服务就是被挑剔的客户与老板培养出来的。丽思卡尔顿酒店的创始人霍斯特·舒尔茨本人就特别挑剔，追求客户服务的极致化，要求所有员工以绅士或淑女的姿态去服务客人。他还授权每一位员工在必要时可以自己做主，最高可以动用2000美元，以确保每一位客人的需求得到满足。他们也的确是留住了客户的心。

30

企业的目的
是让社会更美好

企业的目的是什么

站在道德高地做企业

做有品格的企业

一生做好一件事

企业本身是一个经济组织，但又是一个社会组织。企业的经济目的就是必须有效益，企业的社会目的就是要为社会服务，让社会更美好。我们要站在道德高地做企业，做成保护环境、热心公益、关心员工、世界公民的有品格的企业。我崇尚一生做好一件事，那就是做好我们中国的企业。

企业的目的是什么

　　企业存在的目的是什么？到底为什么要成立一家企业？为什么最终要选择做企业？只有把根源找到了，我们才会有明确的使命感，才会知道究竟是为什么而奋斗，也才会选择更持久的奋斗。有的人是为了实现个人财富的自由，有的人是为了实现技术改变世界的梦想，有的人是为家人、为全体员工的幸福，有的人是为了人类福祉，各种各样的原因都有。我是大学毕业后服从学校分配进的企业，我对企业目的的认识，有一个螺旋上升的过程，是我在个人与企业不断成长的过程中领悟出来的。

多数企业通常会经历三个发展阶段，企业家也会历经三次思想转变。一是专注于自身盈利的自我发展阶段，这也是很多人最初做企业的目的。二是考虑投资人及其他利益相关方的公众化阶段。三是重视行业利益、社会利益和环境利益的社会化阶段。第三阶段是比较成熟的企业家会领悟出来的思想，那就是最终发现企业存在并不是为了小我小家，也并不只是为了员工与投资者，而是身负社会责任，是为了我们的社会更美好。

诺贝尔经济学奖获得者米尔顿·弗里德曼最早提出的"股东利益至上"，曾一度风靡全球。从 20 世纪 70 年代到 21 世纪初，美国的经济学界到企业界，都将企业存在的唯一目的是股东利益最大化视为天经地义的商业原则。

但受此原则的影响，美国社会出现了分配不公、劳动收入远低于资本回报等现象。此外，由于奉行这一经营原则，企业在发展过程中出现贫富两极分化、环境受到破坏等情形。面对这些社会现象，由美国大公司的近 200 位首席执行官组成的商界组织商业圆桌会议的参会成员进行了深刻反思，并于 2019年达成一致意见，认为企业存在的目的是创造一个更美好的社会。

企业本身是经济组织，但又是社会组织。企业的经济目的是鲜明的，那就是必须有效益，企业的社会目的也是鲜明的，那就是要为社会服务。企业在所有利益相关者中是处于中心位置的，把大家紧密联系在一起，组成利益共同体，大家共生共赢。关注企业利益相关者的利益和股东利益并不矛盾，很多实践证明，共生共赢共享的理念会使企业更具有创新性和竞争力，从而创造出更好的企业效益和价值。我始终认为，经营向善的企业会有更美好的未来。

企业是实现共同富裕的理想基石。古人讲"穷则独善其身，达则兼济天下"，"天下大同"，我们从这些灿烂的传统文化中可以看到，共同富裕是中国自古就有的精神。现在中央提出扎实推动共同富裕，为了实现这个目标，企业就更需要照顾到所有利益相关者，让我们的社会更美好。

站在道德高地做企业

中国有句古语"君子爱财，取之有道"。这句话用在做企业上就是企业要盈利，但前提是取之有道。这里的"道"，不仅是指企业的所作所为要符合法律法规要求的基本底线，更高的要求应是坚守道德底线，义利相兼，以义为先，站在道德高地做企业。

所谓道德高地，就是在发展观上，把人类的福祉、国家的命运、行业的利益、员工的幸福结合起来；在利益分配上，遵循共享、共富的原则；在管理工作中，把环境保护、安全、责任放在速度、规模和效益之前。一个企业要想快速发展，得到社会的广泛支持，应该把德行和责任摆在首位，把对经济价值的追求和对社会价值的追求有机结合起来，达到持续发展的目的。

关于持续发展的话题，早在 1962 年，美国就有位科普作家写了《寂静的春天》一书。其中讲到，由于大量使用农药，虫子吃了农药死掉后，被鸟吃了，结果鸟也死掉了，本来应是鸟语花香的春天变得寂静一片。由此，环境问题第一次进入我们的视野。20 世纪 70 年代，罗马俱乐部几位科学家共同出版了《增长的极限》一书，书中讲到如果继续这样使用能源和资源，能源和资源很快就会枯竭，从而提出了增长极限的问题，告诫企业要走可持续发展之路。

但后来人们发现，人类遇到的最大问题不是发展极限，而是生存极限，即全球气候问题。《巴黎协定》明确提出，将努力控制全球平均温升较之前工业化时期不得超过 2 摄氏度，并继续努力，争取把全球平均温升控制在 1.5 摄氏度以内。据科学家预测，到目前为止，地球温升已超过 1 摄氏度，如果不加控制，到 21 世纪末，全球气温可能上升 4~5 摄氏度，后果不堪设想。

不少企业认为，做企业的人只要埋头做好生产经营的本分就够了，气候环境这类问题与自己无关。但如果环境保护做不好，造成的影响将是不可逆的。有些错误犯了可能还有机会改正，但有些错误决不能犯，犯了以后大自然不会给我们改正的机会。像气候变暖、雾霾、土壤和水质污染等环保问题如果解决不好，就会殃及子孙后代。

良心与良知是我们做企业的底线。企业是要赚钱，但绝不能赚昧良心的钱，不能把自己的幸福建立在别人的痛苦之上。多年以来，中国建材在企业经营和发展要素中，始终坚持环境、安全、质量、技术、成本的价值排序。有人曾问我："宋总，把成本放在后面是因为它不重要吗？"做企业哪能不重视成本，其实我们很重视成本等因素，但同时也认为保护环境比降低成本更重要，如果环境保护不达标，宁可关掉工厂。

厚德方能载物。做企业不仅要盈利，还要坚持道德的至高追求，把责任担当的意识、悲天悯人的情怀融入自身价值追求。企业应有仁者的素质、修养和胸怀，有感恩的心态和爱人的思想，有包容理念和利他精神，只有到达了这样的境界，企业才能有更强的竞争力和生命力。

做有品格的企业

和人一样，企业在成长的过程中，在经营活动中，在同外界的交往中会形成并展现出自己独特的品质、格局和作风，这就是企业的品格，它反映的是企业的世界观、价值观和组织态度。一个企业越是有品格，认可度、美誉度越高，吸引力与价值就越大。

企业有品格，犹如人一般，就是要品性高洁，行为高雅。这就要求企业首先得阳光，这里的阳光就是指公开透明地经营，接受全社会的监督，实现包容共享的发展和正义的增长；同时还要积极回馈社会，这是有品格的企业的基点。在众多的品格中，坚持那些和企业的眼前利益无关，甚至会影响眼前利益的品格至关重要。我想其中有四项又是最主要的，那就是保护环境、热心公益、关心员工、世界公民。

保护环境。不重视环境保护的企业是得不到社会大众支持的，环境保护要放在企业发展经营的首位。做好环境保护，往往意味着企业投入的增加，提高运行成本。但这些投入是必需的，企业不能在这方面打任何折扣。中国建材集团的企业都是环境友好型的，旗下的水泥厂都是与自然和谐互动的。现在中国建材旗下企业水泥窑的协同处置，就是利用水泥窑的高温解决普通垃圾焚烧中产生的二噁英等有害物质，这一处置深受社会欢迎。

热心公益。企业是一个创造财富的组织，创造的财富还要再分配、再发展，同时企业还要从中拿出一部分用于扶贫、抗险救灾、支持教育、关心弱势群体等，这就是企业的公益心。中国建材积极参与社会公益事业，在国内帮扶过五个贫困县，在海外做项目，每年都会捐助支持联合国艾滋病规划署等组织。其实企业做社会公益能使员工产生更多的同理心，让人和人之间更加友爱。

关心员工。 企业中最宝贵的就是员工，有共同信仰、共同价值观、共同奋斗目标的一群人走到了一起，才成就了我们的企业。和其他投入相比，企业在人力资本上的投入产出比是最高的。关心员工，不仅是要关心员工们的物质生活，让大家都能获得和企业地位相匹配的市场化的薪酬待遇，能在社会上有尊严地生活；还要关心员工的精神生活，用心、用情培养与培训每一位员工，使普通的变优秀，使优秀的变卓越，让大家都能快乐生活、激情工作。

世界公民。 每当企业到国外开展经营活动时，我总对干部员工说："一定要有为当地经济做贡献、与当地企业友好合作、为当地人民至诚服务的精神。"中国建材在土耳其承建大型水泥工程项目时，把基建部分外包给了当地公司，项目完工后所有合作者都很满意。中国建材在离赞比亚的首都卢萨卡20公里的地方建了一个水泥基地，在建设前，我们先为当地打了一些水井，捐建了小学和医院，当地的女酋长曼莎女士为此十分感动。有一次我去看望小学的孩子们，给他们带了些铅笔盒等文具，也带了些足球等体育用品，我离开时听到孩子们用当地语言唱着"手挽手，心连心，我们和中国建材是一家人"。当童声一响起来，我深为感动，虽然语言不通，但孩子们纯真的笑容和天籁般的声音深深打动了我。世界公民，就是无论到哪里，都要真、实、亲、诚。做企业不仅要做好自己，更要心怀他人，心怀世界。

一生做好一件事

中国的事业是企业。截至 2022 年底，中国有超过 5000 万家公司制企业，1.14 亿个体工商户，近 1.7 亿户市场主体。2022 年中国经济总量为 121 万亿元，稳居世界第二，这些都是靠我们的企业做出来的。企业是社会的财富源泉，是国民就业的主要渠道。企业强则国家强，企业兴则国家兴。近些年我们有一大批优秀的本土企业脱颖而出，它们对中国经济的贡献度不断提高，在全球的影响力也日益提升。

媒体采访我时曾问过一句话："宋总，如果请您告诉年轻人一句话，您最想对他们说的是什么？"我说："一生做好一件事。"我们做企业的、做企业家的，就是要认认真真地把做企业作为自己终生奋斗的事业。

学生时代我从没想过做企业，更没想过做企业家。那时候，我的理想是做一名老师或诗人。大学毕业后，我被分配到企业，这一干就是 40 年。我从工厂的技术员做起，然后是销售员、科长、处长、副厂长、厂长，一路走过来，几乎每个岗位都做过。我 1993 年做了北新建材的厂长，一做就做了 10 年，后来我就到了中国建材集团做"一把手"，做了 18 年。

2009—2014 年，我同时担任中国建材集团和国药集团的董事长，现在这两家企业在各自领域都处于全球领先地位。回想起来，尽管最初进企业是命运使然，但我能在企业里坚守 40 年，一切都源于责任心。我职业生涯的底层逻辑就是一切源于责任。我崇尚一生做好一件事，就是要做好中国企业这件事。

在企业里时，我对企业倾注了自己全部的心血和浓厚的感情，早已把自己和企业融为一体，把自己融入企业的成长。从中国建材集团退休后，我做了中国上市公司协会和中国企业改革与发展研究会的会长，走向了更广阔的企业舞台，但核心工作始终是围绕着企业：不断提高中国上市公司的质量，促进中国企业的改革发展，助力更多的企业走向世界一流。这是我人生的一段新征程。

做好中国企业，不是一代人的事情，而是要靠一代又一代人的薪火相传、持续努力。我们这一代人，要传给后来者的不只是好的企业，还有我们这些年的经验和教训，要让年青一代知道当年的探索和过往的路途，要为他们插上路标和指示牌。企业家不长青，但企业可以长青。